医药职业教育药学类专业特色实训教材

U0746038

药品营销实务

（供药学、药物制剂、中药制药等专业用）

主 编 付晓娟 龚 萍

中国医药科技出版社

内 容 提 要

本书采用项目导向、任务驱动的教学模式，分为8个章节介绍了药品营销的相关实训内容，分别是药品市场营销认知实务、药品市场调查实务、药品市场开发实务、药品招投标实务、药品品牌与包装管理实务、药品渠道管理实务、药品价格管理实务和药品市场沟通实务。

本书可供医药类高职高专层次药学、药物制剂技术、中药制药技术等专业使用，也可作为相关人员的参考书。

图书在版编目（CIP）数据

药品营销实务 / 付晓娟，龚萍主编 . —北京：中国医药科技出版社，2013.9

全国医药高职高专药品类专业特色实训教材

ISBN 978-7-5067-6250-2

Ⅰ . ①药… Ⅱ . ①付… ②龚… Ⅲ . ①药品－市场营销学－高等职业教育－教材 Ⅳ . ① F724.73

中国版本图书馆 CIP 数据核字（2013）第 164918 号

美术编辑 陈君杞

版式设计 郭小平

出版 中国医药科技出版社

地址 北京市海淀区文慧园北路甲 22 号

邮编 100082

电话 发行：010-62227427 邮购：010-62236938

网址 www.cmstp.com

规格 787×1092mm $\frac{1}{16}$

印张 10 $\frac{1}{2}$

字数 211千字

版次 2013年9月第1版

印次 2013年9月第1次印刷

印刷 北京印刷一厂

经销 全国各地新华书店

书号 ISBN 978-7-5067-6250-2

定价 25.00 元

　　《药品营销实务》是药品经营与管理专业的专业核心课程，是药品类专业的重要专业课程；也是医药商品购销员国家职业资格考试的重要内容。本教材是根据《药品营销实务》课程标准的基本要求，为适应新形势下医药高职高专层次教育改革和发展而编写的。本书坚持以"就业为导向、学生为主体、能力为本位"，致力于培养能适应新形势要求、能灵活运用营销知识开展实际药品营销活动、具备可持续发展能力的高素质技能型药品营销人才。

　　根据高职教育改革的需要，本教材采用项目导向、任务驱动的教学模式，将教材内容分为八个项目，分别是药品市场营销认识实务、药品市场调查实务、药品市场开发实务、药品招投标实务、药品品牌与包装管理实务、药品渠道管理实务、药品价格管理实务和药品市场沟通实务。每个项目下面又分别设置了对应的任务，通过任务设置和任务实施，学习相关理论知识，培养学生岗位职业能力和继续学习能力，并以理论考试、实训考核、平时成绩相结合的方式综合评价学生的学习效果。

　　让学生学会学习、热爱学习是我们做教师的毕生追求。本教材编写的主要目的在于帮助教师和学生摆脱"满堂灌"、"老师讲、学生听"、"理论与实训脱节"等传统教学的问题，激发学生的学习兴趣和主动性，培养学生独立分析问题和团队协作解决问题的能力，为适应医药营销服务岗位打下基础。

　　本教材的编写主要参考了《医疗器械营销实务》等教材的框架体系，并在编写过程中参考了市场营销的相关论文和著作，在此特别说明并向有关作者致谢。由于编者的学识水平和实际经验所限，加上教材编写的时间仓促，书中若有不妥之处，欢迎同行、专家和读者提出宝贵意见，以便于我们不断改进和完善。

编　者

2013年5月

Contents 目 录

项目一 药品市场营销认识实务

项目目标

【知识目标】
1. 掌握市场、市场营销的定义，熟悉市场营销观念的发展。
2. 掌握药品市场营销的含义和顾客让渡价值的含义。

【能力目标】
1. 能够运用现代营销观念分析实际案例。
2. 能够运用顾客让渡价值的知识分析药品消费者的需求。

任务一　认识市场营销

【任务导入】

十滴水是由樟脑、干姜、大黄、小茴香、桂皮、辣椒、桉油等制成的一种暑湿类非处方药，具有健胃、驱风、清凉等功效，对于中暑所致头晕、恶心、腹痛、胃肠不适等症甚有良效，又名"救急十滴水"。另外，十滴水内服可治疗暑湿，外用还可治痱子。在20世纪70~80年代，因其效果显著、价格低廉，广受消费者好评，其市场销量巨大。但随着科技的进步，十滴水因其苦涩的味道、难闻的气味越发让消费者难以接受，逐步被纯度更高、气味相对更好的新型产品藿香正气液、藿香正气胶囊等代替。难道，效果好、价格便宜的十滴水就真的从此退出市场了吗？怎么才能帮助十滴水重新赢取市场呢？

【任务阐述】

帮助十滴水重新赢取市场：
1. 十滴水的市场是什么？
2. 运用现代营销观念知识，思考如何改进十滴水的营销方式。

【相关知识与技能】

一、市场的含义

市场是社会生产和社会分工的产物。随着社会分工和商品生产、商品交换的产生和发展，相应的市场随之产生。然而，随着商品经济的不断发展、变化，市场的概念不是一成不变的，在不同时期，不同场合具有不同的含义。

（一）市场是指买者和卖者进行商品交换的场所

这是一个空间和时间上的概念，是市场最原始的概念，是对市场的狭义的理解。如农贸市场、超市、中药材市场等。

（二）市场是指商品交换关系的总和

随着社会生产力的发展，社会分工的不断细化，商品交换日益频繁和广泛，交换打破了时间和空间的限制，即交换不一定都需要在固定的时间和地点上进行。因此，市场不仅是指具体的交易场所，而且是指所有卖者与买者在一定时空条件下实现商品交换关系的总和。这一概念不是静态地把市场作为一个交换场所来看，而是把市场看作商品交换的整体。因此，这是广义的市场概念。

（三）市场是指对某种或某类产品现实和潜在需求的总和

这是从市场营销角度给市场下的定义，市场专指买方和需求，而不包括卖方和供给，卖方构成行业，买方构成市场。所谓企业要面向市场，就是指企业要面向消费者需求。可以将市场用下列简单公式概括如下：

市场=人口×购买欲望×购买力

其中人口是构成市场的基本要素，一个国家或地区人口的多少，是决定市场大小的基本前提。

购买欲望是指消费者购买商品的强烈需要，它是消费者把潜在购买需要转变为现实购买行为的重要条件。

购买力是人们为购买商品或服务所支付货币的能力。购买力的高低主要由购买者收入的高低来决定。

对市场来说，人口、购买欲望、购买力相互制约、缺一不可。当市场三要素同时具备时，我们称之为现实市场。有人口、购买欲望而无购买力；或者有人口、购买力而无购买欲望等情况均无法形成现实有效的市场，只能成为潜在市场。因此，评判一个市场时，三个要素缺一不可，只有三者结合起来才能构成现实的市场，才能决定现实市场的规模与容量。

二、市场营销的含义

（一）市场营销的定义

国内外学者对市场营销下过上百种定义，企业界的理解也是各有千秋。营销学家菲利普·科特勒提出："市场营销是与市场有关的人类活动，市场营销意味着和市场打交道，为了满足人类需要和欲望，去实现潜在交换。"他这个定义从微观角度定义了市场营销是企业的活动，其目的在于满足目标客户的需要和欲望。

1985年，美国市场营销协会（American Marketing Association，AMA）定义市场营销为："市场营销是（个人和组织）对思想、产品和服务的构思、定价、促销和分销的计划和执行的过程，以创造达到个人和组织预期目标的交换。"

分析以上两个概念的内涵，我们可以从以下几个方面来理解市场营销：

第一，市场营销的根本目的是"满足顾客需要和欲望"。市场营销是一种企业的经济活动过程，它是根据目标顾客的要求，生产适销对路的产品，从生产者流转到目标顾客，其目的在于满足目标顾客的需要，实现企业的目标。

第二，市场营销活动的核心是交换，但其范围不仅限于商品交换的流通过程，而且包括产前和产后的活动。产品的市场营销活动往往比产品的流通过程要长。现代社会的交易范围很广泛，已突破了时间和空间的壁垒，形成了普遍联系的市场体系。交换也是市场营销学的核心概念（每门学科都有一个核心概念，如经济学的核心概念是稀缺，政治学的核心概念是权力，人类学的核心概念是文化，社会学的核心概念是群体等）。

第三，市场营销与推销、销售的含义不同。企业的市场营销活动包括：市场研究、产品研发、定价、渠道、促销、售后服务等，而推销、销售仅仅是企业营销活动的一个部分，而且不是最重要的部分。菲利普·科特勒说过："推销只不过是营销冰山上的一角。"现代管理学之父彼得·德鲁克提出："营销的目的就是使推销成为多余。"

（二）市场营销的核心概念

一门学科最基本或核心的部分被称为核心概念。了解市场营销核心概念，能够帮助我们更好地把握和理解市场营销学的实质和核心内容，使我们在从事市场营销活动时不偏离方向。

1. 需要、欲望与需求

（1）需要　需要是市场营销活动的起点。所谓需要是指机体在内外条件刺激下，对某些事物希望得到满足时的一种心理紧张状态，主要分为生理需要和心理需要两大类。例如：当人感觉到饥饿时会产生对食品的需要；感觉到寒冷时会产生对御寒衣物的需要；感觉到孤独时会产生交往的需要。这些需要是人类与生俱来的，市场营销者可以用不同方式去满足它，但是不能凭空创造。

（2）欲望　是指希望得到上述需要的具体满足品的愿望，是个人受不同文化及社会环境影响所表现出来的对基本需要的追求。如为了满足"吃"的生理需要，人们可能选择米饭、水果、肉类等。市场营销者无法创造需要，但可以影响欲望，开发及销售特定的产品和服务来满足欲望。

（3）需求　是经济学概念，是指人们有能力购买并愿意购买某个具体产品的欲望，即具有购买力的欲望。因此可以得出：需求=欲望＋购买力。企业总是通过各种营销手段来刺激人们的需求，以最终决定是否进入某产品的市场或明确市场的潜在规模。

综上三个概念的分析，可以得出市场=人口＋购买需求。

2. 产品

产品是能够满足人的需要和欲望的任何物质，包括有形的实物和无形的服务。现代市场营销强调产品的整体概念，产品是分层次的，包括核心产品、形式产品和附加产品三个层次。产品间的竞争是多层次的竞争，更注重形式产品与附加产品的竞争，比如包装、服务、送货、仓储等的竞争。

3. 效用

消费者如何选择所需的产品，主要是根据对满足其需要的每种产品的效用进行估价而决定的。效用是消费者对满足其需要的产品的全部效能的估价。产品全部效能（或理想产品）的标准如何确定？例如某消费者计划减肥，他可以选择的产品有：减肥药、抽脂减肥手术、健身房瘦身课程等，这些可供选择的产品构成了产品的选择组合。又假设某消费者要求满足不同的需求，即速度、安全及节约成本，这些构成了其需求组合。这样，每种产品有不同能力来满足其不同需要，如健身房瘦身课程安全，但速度慢；如抽脂减肥手术减肥速度快，但成本高。消费者要决定一项最能满足其需要的产品。为此，将最能满足其需求到最不能满足其需求的产品进行排列，从中选择出最接近理想产品的产品，它对顾客效用最大。

顾客选择所需的产品除效用因素外，产品价格高低亦是因素之一。如果顾客追求效用最大化，他就不会简单地只看产品表面价格的高低，而会看每一元钱能产生的最大效用，如一次抽脂减肥手术价格比减肥药昂贵，但由于速度快、相对于减肥药更安全，其效用可能更大，从而更能满足顾客需求。

4. 交换与交易

（1）交换 是指提供某种东西作为回报而与他人换取所需要的东西的行为。交换是市场营销的实质内容，通过交换来满足需要、欲望与需求，其重点在于追求交换的有效性。

而有效进行的交换，必须具备以下5个条件：至少有交换双方；每一方都有对方需要的有价值的东西；每一方都有沟通和运送货品的能力；每一方都可以自由接受或拒绝；每一方都认为与对方交易是合适或称心的。

（2）交易 是指交换过程中双方达成协议、实现价值交换的过程，也是交换的基本组成单位。

有效进行的交易中应具备以下几个方面的条件：至少具有两件或以上双方觉得有价值的物品；双方均明确清楚并同意交易的时间、地点和交易条件；交易过程应有相应的法律制度来保证交易双方履行承诺。

交易通常包括货币交易和非货币交易两种方式：①货币交易是以货币易物的过程，如甲支付15元给药店而得到一盒相应药品；②非货币交易包括以物易物、以服务易服务等交易过程，如在一些闲置物品交换网站中，通过寻找自己喜欢的物品、联系物主、双方进行物品交换的方式实现交易的过程。

（三）市场营销观念

市场营销观念又称为营销理念或营销哲学，是企业在开展市场营销活动的过程中，在处理企业、顾客和社会三者利益方面所持的态度和指导思想。它是一种观念、态度或思维方式。市场营销理论的发展是建立在市场的变化和企业营销观念的变化基础上的，企业营销观念的变化经历了从生产观念、产品观念、推销观念等以企业为中心的传统营销观念向市场营销观念、社会营销观念等以顾客和社会长远利益为中心的现代营销观念的转变。见表1-1。

表1-1　企业各阶段经营观念转变对照表

	经营观念	经营背景	企业着眼点	经营策略	经营理念
传统营销观念	生产观念	供<求	我能生产什么	提高生产效率	等客上门
	产品观念	供≈求		提高产品质量	
	推销观念	供>求	如何销售产品	运用多种推销手段	重视销售渠道
现代营销观念	市场营销观念	供>求	市场需求什么、企业和顾客达到双赢	市场调研、满足需求	加强市场调研，运用营销组合策略
	社会市场营销观念	供>求 环境污染 资源短缺	企业、顾客、社会等达到三赢或多赢	参与社会生活方式设计，注重创造市场需求	发展和运用现代营销组合策略

1. 传统营销观念

（1）生产观念　生产观念是一种传统的经营思想，是在卖方市场的背景下产生的。20世纪20年代以前，由于物质短缺，需求旺盛，多数商品都处于供不应求的状态。在供给相对不足、卖方竞争有限的条件下，企业产品销路不成问题，销售工作不受重视。企业把提高效率和产量，降低成本和价格作为企业一切活动的中心。生产观念可以概括为"我们会做什么，就生产什么"。

（2）产品观念　产品观念也是一种较早的企业经营观念，指企业不是通过市场分析开发相应的产品和品种，而是把提高质量、降低成本作为一切活动的中心，以此扩大销售、取得利润这样一种经营指导思想。

奉行生产观念的企业认为消费者会欢迎质量最优，性能最好和功能最多的产品，认为只要有好的产品就不怕顾客不上门，不去考虑市场上的消费者是否真正需要和接受这种产品。这种观念可以概括为："我们会做什么，就努力做好什么"。

（3）推销观念　推销观念又称销售观念，产生于20世纪20年代末至50年代前，当时产品数量增加，开始出现商品过剩，市场竞争日益激烈，向买方市场过渡。企业担心的问题不再是如何大量生产，而是如何如去销售。

推销观念的主要强调"产品是被卖出去的而不是被买出去的"，认为除非公司大力开展销售和宣传推广活动，否则消费者将不会购买自己的产品。因此，企业的的主要工作以销售为中心，积极推销和大力促销。推销观念可以概括为"我们会做什么，就努力去推销什么"。

2. 现代营销观念

（1）市场营销观念　市场营销观念是形成于20世纪50年代，当时社会产品供应量迅速增加，许多产品供给大于需求，市场竞争非常激烈，进入买方市场，科学技术革命推动产品技术创新，新产品竞相上市，消费者收入增加，对生活质量的要求提高，消费需求越来越多样化。

市场营销观念的主要观点：①认为要保证获得高额利润，使企业有良好的声誉，就必须以顾客为中心，把整个市场营销活动建立在如何满足消费者需求的基础上来；②把满足顾客需求作为一切活动的中心，通过顾客的广泛购买和重复购买来扩大销售，增加利润；③"顾客需求什么，我们就生产什么"，"营销的目的是要使推销成为多余"。

企业在营销观念的指导下开始认真分析，研究消费需求，确定目标市场，然后通过产品设计、生产、促销和售后服务等整体营销活动满足目标市场的需求。同时，还根据目标市场需求的变动，不断调整自己的营销策略。

（2）社会市场营销观念　社会营销观念形成与20世纪80年代，全球环境破坏，资源短缺，人口爆炸，通货膨胀和忽视社会服务等问题日益严重。针对这些情况，有些学者提出了社会营销观念。社会营销观念认为：①企业能否吸引并保住大量顾客，其关键不仅在于满足顾客的眼前需求，而且还应顾及个人及社会的长远利益；②以兼顾顾客眼前利益和长远利益，顾客个人利益与社会整体利益为中心开展一切活动，在取得顾客信任和社会好评的基础上扩大销售，增加利润。社会营销观念是对市场营销观念的补充和完善。

3. 其他营销观念

（1）绿色营销　以环保、节能、降耗、再利用为中心。

绿色营销是企业在社会市场营销观念的指导下开展的营销活动。绿色营销兴起于20世纪90年代。传统营销观念认为，企业在生产和经营过程中，应当时刻关注与研究的中心问题是消费者需求、企业自身条件和竞争者状况三个方面，并且认为满足消费需求、改善企业条件、创造比竞争者更有利的优势，便能取得市场营销的成效。而绿色营销观念却在传统营销观念的基础上增添了新的思想内容，它要求企业将企业自身利益、消费者利益和环境保护利益三者结合起来，并且以此为中心，对产品和服务进行构思、设计、创造和销售，实现人类社会的可持续发展。

实施绿色营销的条件是：绿色消费是开展绿色营销的前提；绿色科技是绿色营销的物质保证；绿色体制是绿色营销的法制保障。

（2）关系营销　以诚信、沟通、互利、兼顾为中心。

关系营销是把市场营销活动看成是企业与企业内部员工、供应商、分销商、竞争者、政府及其他公众、消费者之间发生互动作用的过程，其核心是如何与这些公众建立和发展良好关系。

关系营销是从"大市场营销"衍生发展而来的，是交易营销的对称观念，其提出的原因是发现单靠交易营销建立的品牌忠诚度是不稳定的，回头客往往太少，甚至出现一次性交易等情况。研究发现，其根源在于企业与顾客不同关系的紧密程度与回头客的数量几乎成正比关系，因此，为了提高回头客的比例，提出了关系营销。

（3）知识营销　以学术推广为主的知识营销将逐步替代关系营销。所谓知识营销是指基于企业知识系统下的营销活动，用相关知识贯穿于整个营销活动，在提供给顾客物质和服务的同时，另外给予他们知识的价值，使顾客得到额外附加的与众不同的价值。其包含了几方面的意思：①知识营销就是在营销过程中，加入商品的相关知识，提升知识含量，帮助顾客全面认识商品，促进顾客购买欲望，从而达到销售商品、树立品牌、开拓市场的目的；②知识营销重视和强调知识作为纽带的作用，通过对相关商品知识的延伸、宣传、介绍，让顾客知晓商品特点及优势；③知识营销以传播知识为媒介，传播商品知识为公益诉求，激发顾客的购买欲望，从而达到推销商品的目的。

药企向客户传递有价值的各方面知识（包括产品知识、经营理念、管理思想等），以此过程让客户接受公司品牌和产品品牌，最终形成客户的购买行为和长期的忠诚度。它是以创新产品为对象，以知识、技术为媒体的营销理念和方式，以产品的科技创新和创新产品的知识促销、知识服务为突破口，从而培养和创造出一个崭新的生产体系的全部过程及其活动。

知识营销的特点：①市场理念创新（从满足需要到创造需要）；②市场定位创新（从寻找市场到引领市场）；③市场占有创新（从占有市场到主导市场）；④营销资源创新（从内部资源到外部资源）；⑤消费沟通创新（从浅层沟通到深层沟通）。

（4）湿营销 "湿营销" 是著名专业营销媒体——《成功营销》杂志在2009年第8期封面文章中所提出的营销新概念，是指借助于互联网上的社会性软件聚合某个消费群体，以温和的方式使其转化为企业品牌的追随者，赋予他们力量，鼓励他们以创造性的方式分享和贡献内容，从而影响企业的新产品开发、市场调研、品牌管理等营销新战略。

"湿营销"的营销核心理念是：上善若水。水善利万物而不争，让"湿"的世界逐步取代这个干燥、充满摩擦的世界。因此"湿营销"其实是从一种"干"到"湿"的渐进过程，也是一种不断发展进步的营销方式。这也是关系营销的一种升华。

随着社会的不断发展和进步，现代营销观念也在日新月异的发生着变化，还陆续出现了以提高服务水平为重点的"服务营销"；以电话、直邮、电视、广播、网络、数据库等方式的"直复营销"；对产品、价格、渠道、促销等进行重新整合的"整合营销"；利用网络技术等多媒体的"网络营销"；利用相关特殊事件进行宣传的"事件营销"等等。

（四）市场营销的基本理论

1960年，美国著名的市场营销学家麦卡锡提出了4P营销理论，奠定了市场营销的基本理论框架，对市场营销理论和实践产生了深刻的影响，被市场营销界奉为营销理论中得经典。

所谓4P营销理论，是指企业在开展市场营销活动过程中，通过对各种可控因素的优化组合和综合应用，使其能够扬长避短、发挥优势，以适应外部环境的一种营销理论，即通过对产品（product）、价格（price）、渠道（place）、促销（promotion）的计划、组织与实施，对外部不可控因素做出动态的积极反应，从而实现其占领某个目标市场的营销目的。用科特勒的话说就是"如果公司生产出适当的产品，定出适当的价格，利用适当的分销渠道，并辅之以适当的促销活动，那么该公司就会获得成功"（科特勒，2001）所以市场营销活动的核心就在于制定并实施有效的市场营销组合。

进入20世纪80年代，市场营销学在理论研究的深度上和学科体系的完善上得到了极大的发展，市场营销学的概念有了新的突破。1986年，菲利普·科特勒在《哈佛商业评论》（3～4月号）发表了《论大市场营销》。他提出了"大市场营销"概念，即在原来的4P组合的基础上，增加两个P："政治力量"（political power）、"公共关系"（public relations），形成了新的6P理论。他认为现在的企业还必须掌握另外两种技能，一是政治权力，就是说，企业必须懂得怎样与其他国家打交道，必须了解其他国家的政治状况，才能有效地向其他国家推销产品。二是公共关系，营销人员必须懂得公共关系，知道如何在公众中树立产品的良好形象。

随着企业对营销战略计划过程的越发重视，不久之后，菲力普·科特勒进一步完善了6P理论并提出了11P营销理论，即在6P理论之上加入探查（probing，市场营销调研）、分割（partitioning，市场细分）、优先（prioritizing，对目标市场的选择）、定位（positioning，市场定位）以及人力（people，企业人力资源），并将产品、定价、渠道、促销称为"战术4P"，将探查、分割、优先、定位称为"战略4P"。科特勒认为只有在搞好战略营销计划过程的基础之上，战术性营销的制定才能顺利进行。除此之外，营销人员还必须灵活运用"政治权利"和"公共关系"这两种营销技能。

11P理论的提出。除了给顾客和中间商提供某些利益外，同时还得给像政府和工会这样的能够阻止企业进入目标市场以便获取利润的组织机构提供某种好处或保证履行某种义务并担任相关责任。企业如果得到"战术4P"和"战略4P"的保障，并结合运用"人才"、"政治权利"和"公共关系"，便可以顺利进入目标市场。11P之间的关系如图1-1。

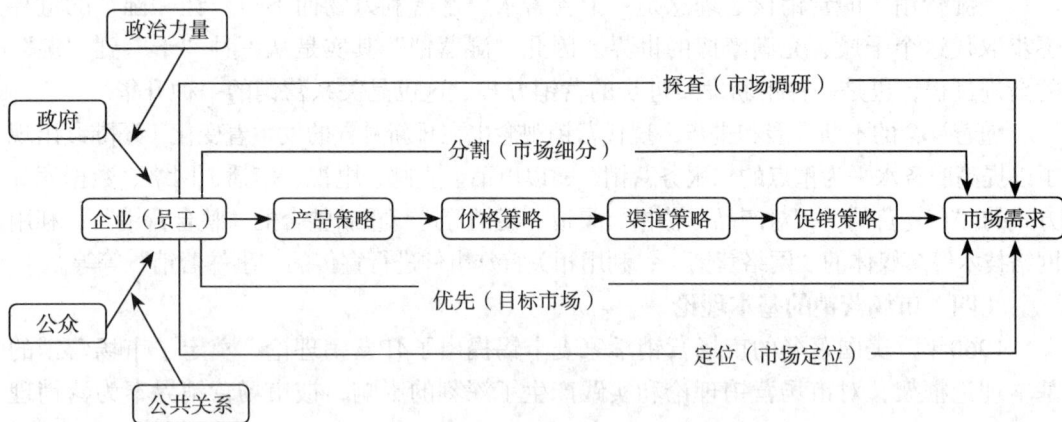

图1-1　11P关系图

市场营销策略组合作为现代市场营销理论中的一个重要概念，在其发展过程中，营销组合因素即P的数目有增加的趋势，但应当看到，传统的4P组合策略仍然是基础。

知识链接

◆ 日本电视机厂占领中国市场 ◆

中国改革开放初期，国家放宽了家用电器的进口政策。当时，欧洲的电视机厂商认为中国的电视机市场不大。于此相反，日本的电视机厂商认为，中国有10多亿人口，有强烈的看电视的需求，中国人又有储蓄的习惯。于是，日本的电视机厂商选择了中国大陆市场，并制定了一整套营销战略。

（1）产品策略，日本电视机要适合中国消费者的需要，必须符合以下条件：①中国民用电压与日本不同，必须将110伏改为220伏；②中国若干地区电压不稳，电视机要装稳压装置；③根据中国消费者特点，电视机耗电量要低，音量要大；④根据中国居民住房情况，以12英寸黑白电视机为主；⑤要提供质量保证和修理服务。

（2）销售渠道策略，当时不能选择中国国有企业作为正式渠道，因此要通过如下渠道：①由港澳公司代理，经销其产品；②通过港澳运输进入内地；③由日本厂商用货柜成直接运到广州发货。

（3）广告宣传策略，鉴于中国内地的媒体宣传状况，主要选择在中国香港《大公报》，《文汇报》大量刊登广告，希望以此间接地影响经销商、客户和消费者。

（4）定价策略，考虑当时中国尚无外国电视机的竞争，因此价格比中国国产电视机稍高，人们也会乐意购买。

由于日本电视机厂商开发中国市场的战略及时，"4P营销理论" 运用得当从而顺利占领了中国市场。

【任务实施】

1. 请同学们进行分组，要求每组3～4人，选派组长。

    组长：_____，任务分工：_____

    组员：_____，任务分工：_____

          _____，任务分工：_____

          _____，任务分工：_____

2. 根据【任务导入】提供的资料及所学习的营销理论，通过小组讨论，明确下述内容：

    十滴水的市场是指：_____

3. 以小组为单位通过网络调查或实地调查了解下述内容：

    "十滴水"目前的营销组合策略：

    （1）产品策略_____

    （2）价格策略_____

    （3）渠道策略_____．

    （4）促销策略_____

    （5）其　　他_____

4. 请以小组为单位，结合现代营销观念核心思想，讨论并重新设计十滴水的营销组合策略。

    "十滴水"新的营销组合策略：

    （1）产品策略_____

（2）价格策略_____

（3）渠道策略_____

（4）促销策略_____

（5）其　　他_____

5. 以小组为单位撰写一份十滴水的营销组合策略方案报告。方案初稿一律采用A4纸打印，格式要求：

（1）页边距：上2.5cm，下2.1cm，左2.5cm，右2.1cm

（2）正文字体为五号宋体字，行间距为20磅；标题为小四号宋体，加粗。

此外，在报告书中标明小组成员及本项目的任务分工和完成情况。

【营销组合策略方案报告】

营销策略	十滴水的原营销策略	重新设计后的十滴水营销策略
口味		
剂型		
包装		
剂量		
定价		
渠道		
人员促销		
广告促销		

报告人：

报告小组：

报告时间：

任务二 认识药品市场营销

【任务导入】

"五一"期间，华南地区某大型连锁药店利用"小黄金周"做了一次会员营销活动，但是结果却令药店老总陈先生大失所望——在药店精心选择的数百种活动商品中，绝大多数品种毛利水平降到了20%以下，还有5个品种出现了负毛利销售情况，药店无"利"可谈；另外，来参与活动的会员没有"普遍开花"，相反，会员对这种打折、低价、买赠等直接刺激手段出现了抵触情绪。"这次活动还导致促销期间的消费提前透支，使活动结束后的销售呈现下滑态势。"

零售药店经营已进入微利时代，药品零售市场的"价格战"打破了原有的市场平衡，其直接结果是药店的赢利水平下降，而这使得药店的生存与发展空间受到威胁。因此，药店依据什么样的服务理念指导其经营行为，以提高其盈利水平和竞争能力，是在当前药品零售市场激烈竞争态势下迫切需要解决的问题。

【任务阐述】

请你运用让渡价值理论来对药店吸引顾客，提升顾客满意度提出几点建议。

【相关知识与技能】

一、药品市场的含义

（一）药品市场的概念

现代市场营销学认为药品市场是指某一药品现实和潜在需求的总和，即对药品的需求构成了药品市场。组成药品市场的三要素：人口、购买欲望和购买力，三者相互制约、缺一不可，只有三者结合才能决定药品市场的规模与容量。例如：对于减肥药类的医药产品，在农村虽然人口众多，但农民缺乏购买欲望和购买力，因此农村的减肥药市场不大；而在城市有许多需要减肥的人，他们有较强的购买力和购买欲望，在城市的减肥药市场就很大。

（二）药品市场的特殊性

由于药品市场的交换是以药品为载体，而药品是一种特殊商品。因此，药品市场具有以下不同于普通市场的特殊性。

1. 药品市场需求弹性较大

药品市场交易的品种复杂而繁多，如全世界目前有药物两万余种，品种、规格、质量与价格非常复杂。有的同一品种，可能同时有多家制药企业生产，有的品种在功能上可能相互替代等，尤其是一些滋补保健品，其市场需求弹性更大。

2. 药品消费的二元性

由于患者（消费者）与医疗服务人员（主要指医生）之间对于药品的信息不对

称，决定了我国大部分的药品的选择权和决定权取决于医生，消费权未掌握在消费者手中，出现决策者与用药者分离，表现为药品消费的二元性。

3. 药品生命周期相对较长

其生命周期的长短，取决于它的质量、疗效及安全性。由于新药的研制周期较长，要用一种疗效更好、安全系数更大的新药来替代现有某种药品的时间也就相应较长，因此，现有医药市场存在周期必然较长。特别是某些中成药，其生命周期更长。

4. 药品销售和使用的时效性

如药品都有明确的效期规定，医药企业必须在尽可能快的时间内把自己的产品销售出去，否则将遭受经济损失。同时，人们只有在防病、治病和保健需要时才使用药品，加之药品供求在时间、空间上存在矛盾，导致药品需求量差异较大。在流通过程中，只能让药等病人，而不能让病人等药，这就要求医药生产、经营企业和医疗机构，应有适当的药品储备，保证品种齐全，数量充足，以满足人们日常用药和各种灾害、疫情和战争等的需要。

5. 处方药终端销售以医疗机构为主，非处方药终端销售多渠道化

由于我国现阶段医疗保险制度的规定，医保患者必须在医生指导和支配下进行药品消费，而医疗机构的药房和医生因同属该医疗机构，具有利益相关性，所以处方药品外购极少，几乎均在医疗机构的药房购买。

根据有关法规，非处方药既可以在医疗机构药房销售也可以在社零售会药店由消费者自行决定购买，乙类非处方药还可以在其他商业零售企业零售，但甲类非处方药只能在具有《药品经营许可证》的药店由执业药师或药师指导购买和使用。

6. 药品市场供求相对稳定

药品用于防病治病以及诊断疾病，其市场需求原则上与发病率呈正相关性。正常情况下，各种疾病的发病率是相对稳定的，因此对药品的需求也相对稳定。当然，不同疾病的发病率，会由于某些社会、生活及自然环境的因素而发生变化，但这种变化除突发性情况外一般不会太大、太快，且多数可以预测。所以整个药品市场的供求也不会有太大的波动，而是相对稳定。

7. 专业性强，交易行为和药品检验受到一定限制

药品作为特殊商品，关系到人民群众的身体健康，关系到消费者的切身利益。如我国政府规定麻醉药品不能在药品市场上交易，在中药材专业市场上不准交易其他药品；患者用药是否安全有效，依赖于医药产品的质量，但患者很难鉴别医药产品的质量。因此，不仅需要专门的机构、科学的监测手段及具有专业知识的人员，而且还应有严格的管理程序，才能确保药品的质量。

8. 药品的生产经营实行资格准入制度

药品生产企业须具备《药品生产企业许可证》、药品批发企业和药品零售企业须具备《药品经营企业许可证》，并取得《营业执照》，医疗机构销售医药产品须取得《医疗机构执业许可证》才算合法。对于药品生产企业还应按照有关规定实施GMP（药品生产质量管理规范）、药品批发企业和零售企业实施GSP（药品经营质量管理规范）认证制度，以保证药品的质量和用药安全。

二、药品市场营销的含义及特点

（一）药品市场营销的含义

药品市场营销是市场营销理论在医药行业的一个特定分支，它指的是药品企业通过市场交易来满足现实和潜在需求的整体性经济活动过程。药品企业从医疗需求出发，综合运用各种科学的市场经营策略，把药品和服务整体地销售给医疗机构与患者，尽可能地满足他们的需求，并最终实现企业自身的生存与发展目标。

对于药品市场营销的概念，还可以从以下几个方面来理解：

1. 营销的主体个人和医药组织

市场营销的主体包括盈利性组织（工商企业等）、非营利性组织（如学校、公立医院、红十字会等）和通过交换以获取产品与价值的个人。药品市场营销的主体为个人和医药组织，其中医药组织主要指医药企业，包括各级、各类药品生产企业和中间商。

2. 营销的客体

在药品市场营销中交换的主要是以药品为载体的产品价值，因此，药品市场营销的客体是药品及其价值。

3. 营销的最终目的有效地满足医疗需求

市场营销的最终目的是满足需求，而药品市场营销的目的更为明确：医药企业以多种科学的营销策略更有效地满足目标市场的各种医疗需求，最终也实现企业的经营目标。

4. 营销的实质一个社会管理过程

药品市场营销是由药品市场调查、药品市场细分、药品目标市场、药品市场定位、药品产品研发、药品价格制定、药品渠道开发、药品促销、计划控制以及承担社会责任等活动构成的，是一个有计划地实施、控制的社会管理过程。

（二）药品市场营销的特点

药品市场营销的特点表现为四个相互关联的理念，这四个理念是：患者导向、目标市场、整体营销、利益远景。

1. 患者导向

患者导向是指药品企业营销活动的出发点是患者的需求。这是医药企业所有营销策划都必须贯彻执行的理念。药品市场营销的关键是如何比其他同行更好地发现、了解和满足医疗机构、患者的真正需求，更好的保持老顾客和吸引新顾客，使其满意，实现企业的可持续经营。

2. 目标市场

当今的药品市场竞争非常激烈，相同类别乃至相同成分、不同厂家的药品充斥于整个市场，如以对乙酰氨基酚和盐酸伪麻黄碱为主要成分的解热镇痛药有白加黑、百服宁、泰诺等，产品竞争非常激烈。但没有一个医药企业能满足所有市场需求，因此制药企业可以根据不同的细分方法和细分依据将总体市场划分出多个子市场，选择一个或者几个与自己生产、经营能力相适应的子市场作为目标市场，有针对性地了解市场需求，设计专科药品，进行针对性地营销策略，以明确的目标市场为指引，引导企业实现经营目标。

3. 整体营销

现代企业营销必须利用多方位的综合性策略，称为整体营销组合策略。主要从具体的产品设计、包装、商标、价格、分销、促销、公关、仓储运输等方面进行相应策略的制定。

4. 利益远景

企业获取利润与满足市场需求是相辅相成的，也就是说，企业追求利润应建立满足市场需求的基础上，而满足市场需求也应最终使企业获取相应的利润。医药企业在营销医药产品时，应首先考虑患者，再考虑盈利，患者需求被满足的程度越高，随之而来的企业盈利也就越多，反之，则相反。因此，医药企业不应追求眼前一时的利润，而应通过长期营销，在社会中长期生存，从而获取长期利益，即企业应以追求利益远景为目标。

医药市场是关乎人们生命健康的重要市场，是国家和政府加强市场管理的关键，也是社会大众紧密关注的焦点。一方面，政府制定了诸多法律法规，规范医药产品的生产和经营，确保药品质量，保护患者利益；另一方面，患者自身也日益成熟，为维护自身合法权益，充分利用法律手段取缔假劣药品，对医药企业的生产经营过程进行全社会的监督管理。因此医药企业应加强法制观念，合法、合理地进行医药产品营销，为大众提供安全、优质的医药产品，保证人民的生命健康。

三、顾客让渡价值的内涵

在当今的买方市场中，顾客可以在成千上万的商品和服务中进行选择，这样，卖方必须能够为顾客提供满意的产品，否则，市场就会被竞争者迅速占领，甚至今天被顾客接受的质量和服务水平到明天就不再为消费者青睐。因此，想要赢得竞争优势的企业需要一种新的哲学。只有那些以消费者为中心，为目标市场提供卓越价值的企业才能赢得市场，这些公司不仅仅是制造产品，而且是擅于创造顾客。

多年前，现代管理学大师彼得·德鲁克就洞察到一个企业营销的首要任务是创造顾客。但是，今天的顾客面临着纷繁复杂的商品和品牌选择，价格和供应商的选择，这就带来了一个问题：顾客是如何作出选择的？我们相信顾客是按所提供的最大价值进行估价的。可在搜寻成本和有限的知识、流动性和收入等限制范围内，顾客希望能获得最大价值，他们会形成一种价值期望并照此行事，然后他们将得知某项供给是否符合他们的价值期望，这就将影响他们的满意，并将影响再购买的可能性。

（一）顾客让渡价值

顾客的购买，是一个产品的选购过程；在这个过程中，顾客会综合运用他的知识和经验，结合职业、收入、年龄等因素的影响，按照"价值最大化"的原则，从众多的品牌和供应商中选择自己需要的产品。其中，"价值最大化"是顾客每次交易力争实现的目标，也是其评判交易成功与否的标准。所以，顾客在选择与其进行交易的营销者时，会事先形成一种价值期望，期望价值与获得的实际价值比较，是顾客衡量是否得到了"最大价值"的现实评判方法。

著名营销专家菲利浦科特勒以"顾客让渡价值"概念，把顾客购买过程高度程式化，并使之成为营销学的基础理论。他指出"顾客让渡价值"是顾客获得的总价值与顾客获得这些总价值支付的总成本差额。简言之，顾客让渡价值是指顾客总价值与顾客总成本的差额。

顾客让渡价值的构成要素如图1-2所示。

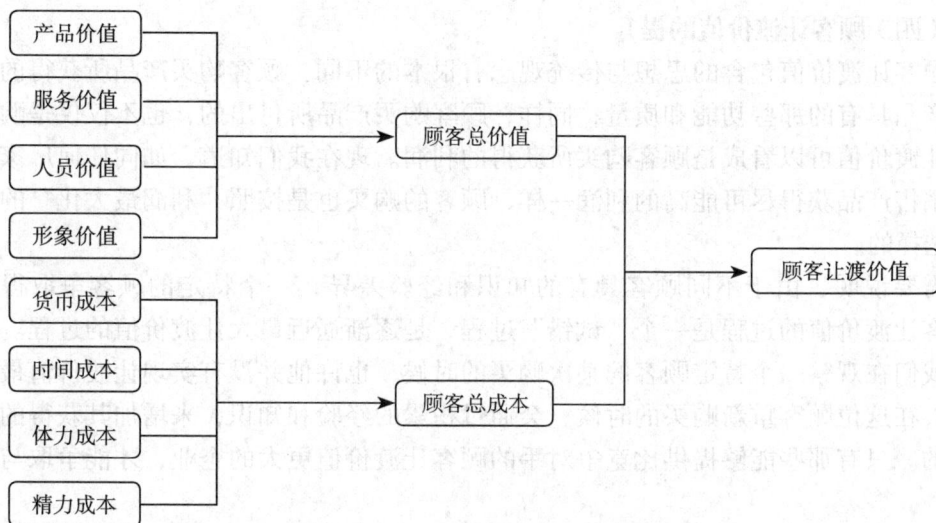

图1-2　顾客让渡价值及其构成要素

（二）顾客总价值

顾客总价值是指顾客从购买的特定产品和服务中所期望得到的所有利益。

顾客总价值一般由如下几部分构成：

（1）产品价值　顾客购买产品或服务时，可得到的产品所具有的功能、可靠性、耐用性等等。

（2）服务价值　顾客可能得到的使用产品的培训、安装、维修等等。

（3）人员价值　顾客通过与公司中的训练有素的营销人员建立相互帮助的伙伴关系，或者能及时得到企业营销人员的帮助。

（4）形象价值　顾客通过购买产品与服务，使自己成为一个特定企业的顾客，如果企业具有良好的形象与声誉，顾客就可能受到他人赞誉，或者与这样的企业发生联系而体现出一定的社会地位。

（三）顾客总成本

顾客在获得上述一系列价值的时候，都不会是无偿的，这体现的是顾客总成本。顾客总成本是指顾客为购买某一产品所耗费的时间、精力、体力以及所支付的货币资金。

顾客总成本一般包括四种成本：

（1）货币成本　顾客购买一个产品或服务，首先就要支付货币，或者不能得到免费维修调试等支出的服务价格。

（2）时间成本　顾客在选择产品的时候，学习使用，等待需要的服务等等所需付出的成本或损失。

（3）精力成本　顾客为了学会使用保养产品，为了联络营销企业的人员，或者为安全使用产品所付出的担心等等。

（4）体力成本　顾客为了使用产品，保养维修产品等方面付出的体力。总的顾客价值越大，总的顾客成本越低，顾客让渡价值越大。

（四）顾客让渡价值的提升

顾客让渡价值包含的思想与传统观念有根本的不同：顾客购买产品所获得的不仅仅是产品具有的那些功能和质量；同样，顾客购买产品所付出的，也不仅仅是购买价款。让渡价值可以看成是顾客购买所获得的利润。现在我们知道，如同任何厂家希望通过销售产品获得尽可能高的利润一样，顾客的购买也是按照"利润最大化"的原则进行选择的。

需要说明，由于不同顾客具有的知识和经验差异，一个特定的顾客争取得到最大顾客让渡价值的过程是一个"试错"过程，是逐渐逼近最大让渡价值的过程。就是说，我们在观察一个特定顾客的某次购买的时候，也许他并没有实现让渡价值最大。但是，在这位顾客重新购买的时候，会通过积累的经验和知识，来增加其获得的让渡价值的。只有那些能够提供比竞争对手的顾客让渡价值更大的企业，才能争取与保持顾客。

提高顾客让渡价值是增加顾客满意程度、吸引购买、扩大销售、提高经济效益、增强企业竞争力的重要途径。提高顾客让渡价值，有两个途径三种组合：或者尽力提高顾客价值，或者尽力减少顾客成本，或者在提高顾客价值和减少顾客成本两个方向上都作出营销努力。

具体而言，提高顾客让渡价值的途径有：

（1）在不改变整体顾客成本的条件下，通过改进产品、改善服务、提高人员素质、提升企业形象来提高整体顾客价值。

（2）在不改变整体顾客价值的条件下，通过降低价格或减少顾客购买公司产品所花费的时间、精力、体力来降低整体顾客成本。

（3）在提高整体顾客价值的同时，提高了整体顾客成本，但要使两者的差值增大，从而使顾客让渡价值增加。

可见，顾客让渡价值的大小决定于顾客总价值和顾客总成本，而这两类因素又由若干个具体因素构成。顾客总价值的构成因素有产品价值、服务价值、人员价值和形象价值等，其中任何一项价值因素的变化都会引起顾客总价值的变化顾客总成本的构成因素有货币成本、时间成本、精神成本和体力成本，其中任何一项成本因素的变化都会引起顾客总成本的变化。任何一项价值因素或成本因素的变化都不是孤立的，而是相互联系、相互作用的，会直接或间接引起其他价值因素或成本因素的增减变化，进而引起顾客让渡价值的增减变化。

课堂互动

请你谈一谈快餐行业得以迅速发展的原因是什么？

【任务实施】

1. 请同学们进行分组，要求每组3～4人。

   小组组建

   组长：_____，任务分工：_____

   组员：_____，任务分工：_____

   　　　_____，任务分工：_____

   　　　_____，任务分工：_____

2. 根据【任务导入】提供的案例，通过互联网查询、实地调查等方法收集资料，了解下述内容：

   （1）当前零售药店提供的顾客总价值有哪些内容：

   产品价值：_____

   服务价值：_____

   人员价值：_____

   形象价值：_____

   （2）当前零售药店的顾客总成本有：

   货币成本：_____

   时间成本：_____

   体力成本：_____

   精神成本：_____

3. 通过学习，我们认识到零售药店提高顾客让渡价值的途径有：

   （1）_____

   （2）_____

   （3）_____

4. 结合所学知识与小组收集的有关零售药店顾客总价在与顾客总成本资料，小组讨论得出帮助药店吸引顾客，提升顾客满意度提出几点建议。

5. 以小组为单位撰写一份零售药店提升顾客满意度的建议书。建议书一律采用A4纸打印，格式要求：

   （1）页边距：上2.5cm，下2.1cm，左2.5cm，右2.1cm

   （2）正文字体为五号宋体字，行间距为20磅；标题为小四号宋体，加粗。

项目 二 药品市场调查实务

项目目标

【知识目标】

1. 掌握各种常用调查方法的基本知识；问卷设计的基本知识；调查资料处理的过程及简单统计分析方法；市场调查报告的内容及调查报告的撰写。

2. 熟悉药品市场调查活动的整个流程及各阶段工作的重点；市场调查的不同类型及其各自的适用场合；基本的抽样知识与方法。

3. 了解调查实施前的准备工作内容；招聘与培训调查人员的基本工作内容。

【能力目标】

学会根据医药企业所面临的问题确定市场调查主题；根据调查项目来完成调查实施前的准备工作，如调查人员的招聘、培训、调查准备等；基本的数据处理、分析方法。

任务一 撰写药品市场调查方案书

【任务导入】

KH药业集团（重庆）有限公司成立于2007年3月，注册资本5000万元，占地面积4.9万平方米，现有员工600多人。是全国著名企业、全国医药产业30强、民营股份制医药企业集团——KH药业集团旗下子公司。目前由于公司业务发展的需要，需对公司小KH儿科用药系列的市场情况进行调查了解。

该公司为进一步拓展市场、了解市场需求、掌握市场竞争动态、提供产品知名度、美誉度、使用状况、分销渠道效率等方面的信息，安排一定资金用于市场调查。

【任务阐述】

从小KH儿科用药系列中选择一种产品，将该产品作为市场调查项目实施的依据产品，在讨论的基础上策划市场调查活动，完成相应药品市场调查方案设计，并提交调查方案书。

1. 确定调查项目的目的和主题。
2. 界定该调查的时间、地点、范围、对象、方法、抽样技术。
3. 编制调查计划与调查费用预算清单。
4. 编写市场调查策划方案书。

【相关知识与技能】

企业营销活动的核心是发现并有效地满足市场需求，营销者在做出某项决策但同时又没有充分信息时，首要借助的就是通过市场调查获取必要的市场信息。市场调查是通过系统地识别、收集、分析和使用调查搜集的信息，发现营销问题，并据此提出营销对策。

市场调查方案是对整个调查工作中的全部过程和各个方面的总体设计与计划，如对调查目的、调查主题、调查内容、调查对象、调查时间、调查地点和调查方法等方面工作进行的详细周到的谋划，是后续市场调查活动开展的依据。

一、明确调查的目的、主题与调查类型

（一）确定调查目的

明确市场调查目的就是要明确希望通过调查活动要解决的问题、需获取的资料、以及取得这些资料的用途等。例如，某药品企业在经营过程中发现，近期的销售业绩呈现明显上升的形势，那么开展调查的目的可能是"发现引起企业销售业绩明显上升的原因"。

市场调查的目的决定了市场调查的主题、内容和方式，因此调查方案的设计应首先明确调查的目的。

（二）确定调查主题和调查内容

调查主题围绕调查目的确定具体的调查内容和项目，是调查活动的中心。对于调查主题与内容的界定，应考虑调查目的和调查对象的特点，还应注意以下问题：

1. 调查任务所需，能明确获得答案。但调查内容和调查项目不宜过多。
2. 内容必须表达明确，意思肯定，避免表达不清导致被调查者理解不清而作出不同的答案，从而导致后期资料汇总困难。
3. 内容间应尽相互关联。

（三）确定调查类型

按照调查目的和调查主题内容的不同，市场调查可分为探索型、描述型、因果关联和预测型四种调查类型，它们不同的特点与目的满足了不同的市场调查需要，如下表2-1所示：

表2-1　市场调查的类型

类型	特点	目的
探索型调查	一般用于情况不明的调查初始阶段或非正式调查；灵活；具有省时、省费用的特点；	了解问题的表现与根源；帮助明确进一步调查的重点
描述型调查	用于需要描述情况、时间、事物发展过程级原因的正式调查	了解事情发生的历史、现状及可能的原因
因果关联调查	用于描述两个或多个变量之间量化因果关系的正式调查	了解变量间的影响效果和原因
预测型调查	用于根据一个或几个变量的变化预测另一个变量的变化的正式调查	了解变量变化对其他变量的影响程度

二、确定调查对象与调查范围

调查对象就是解决向谁调查的问题，调查对象可以是某些性质相同的单位，也可能是单个消费者、家庭或药店。

在明确调查对象的基础上，还应该确定在将何种范围内对调查对象进行调查活动。调查范围主要是根据调查主题的性质和企业的市场范围等多方面因素来综合权衡的，其中还涉及到被调查对象的数量和调查样本量的确定。

一般而言，抽样调查是在确定调查对象与调查范围的基础上，从总体调查对象中抽取部分对象展开调查，并根据调查结果对全部调查对象作出推断和估计的一种调查方法。属于非全面调查方式，主要包括随机和非随机两类抽样调查方式。

（一）随机抽样

是对总体中的每一个个体都给予平等抽取机会的抽样方式。主要包括简单随机抽样、分群随机抽样、分层随机抽样和等距抽样等。

（二）非随机抽样

是指总体中的每一个个体不具备被平等抽取的机会，而是按照一定的主观标准进行抽取抽样方式。主要包括固定样本连续抽样、滚雪球抽样、判断抽样以及配额抽样等。

> **知识链接**
>
> ◇ **抽样调查的一般程序** ◇
>
> 抽样调查一般包括6个步骤，如下图所示：
> 确定调查总体——确定抽样调查的框架和个体编号——选择抽样样本——实施调查——测算结果——推断总体

三、确定调查方法

根据数据获取来源不同，调查方法可以分为二手资料调查法和一手资料调查法。

（一）二手资料调查法

也称文案调查法，主要是通过搜集各种已有的历史动态统计资料，从中获取与调查主题相关信息的调查方法。

（二）一手资料调查

也称原始资料收集法，是在二手资料无法为决策提供足够信息时，为切实解决所面临的问题而专门实地收集的原始资料。主要包括询问法、观察法、实验法三大类。

1. 询问法

这是最常用和最基本的调查方法。指调查员通过访谈、询问的形式向被调查者了解市场情况的一种方法。包括面谈法、邮寄访谈法、电话访谈法和网上调查法。

（1）面谈法：是调查者与被调查者面对面的提问和回答，调查员当场记录所获得数据的方法。这种调查通常会事先设计好要询问的内容，采用自由交谈的形式询问获取信息。

（2）邮寄访谈法：是通过邮寄的途径将问卷送到被调查者手中，请其回答以收集相关资料的方法。为了增加回收率，调查者应将设计好的问卷连同回邮信封同时送达被调查者，最好应写好回邮地址，并贴好回邮邮票。

（3）电话访谈法：是调查者通过电话访问被调查者，以提问的方式收集资料的方法，一般适用于内容简单的调查。

（4）网上调查法:是借助互联网与被调查者接触并收集资料的方法，一般常采用网页问卷调查和电子邮件调查的方式进行。

2. 观察法

这是一种调查人员对现场有关情况直接观察记录的方法。包括直接观察法和间接观察法两种。

（1）直接观察法：指调查者隐藏于被调查者中间，以亲临的方式展开调查，获取最真实的数据信息。

（2）间接观察法：指调查者通过观察现场留下来的实物或痕迹推断过去相关资料的方法。

> **知识链接**
>
> ～ **观察法的步骤** ～
>
> 明确问题、选择观察对象——制定观察计划——做好观察准备——按照计划实施观察——记录观察结果——整理分析观察资料——提出论点并撰写调查报告

3. 实验法

这是一种对处于特定条件下的被调查者进行小范围试验，通过观察分析以获取相关资料的方法。常适用于因果关系的调查研究。

四、确定调查时间和调查地点

（一）调查时间

指何时候进行调查，以及预计所需时间的长短。调查时间常受到调查方法、调研样本量等众多因素的影响。

（二）调查地点

指在何处展开调查。调查地点的确定，往往与调查者和被调查者的地点有关。

五、编制调查进度表

调查进度表是对市场调查总体进程的规划与安排，要求在规定的时间和资源条件

下完成调查任务，如下表2-2。

表2-2　市场调查进度表

序号	调查活动过程	实施时间（天）
1	确定调查项目	1
2	确定调查主题	0.5
3	确定调查人员	1
4	确定调查时间、地点和对象	1
5	确定调查方法	0.5
6	设计调查问卷	1
7	调查问卷修正和完善	1
8	调查的审核批准	1
9	培训调查员	1
10	问卷印制	1
11	实施调查	7
12	问卷回收、审核	2
13	问卷编码、数据录入	2
14	调查数据的统计分析	2
15	撰写调查报告	2
16	调查报告的印刷和装订	1
	合计	25

六、编制调查经费预算表

调查活动的开展需要调查经费的支持，调查经费会受到调查主题、调查样本量及调查范围的影响。调查过程中可能发生的费用主要有以下几项，见下表2-3：

表2-3　调查经费预算表

序号	项目名称	项目费用（元）
1	调查总方案策划费	2000
2	抽样方案设计费	1000
3	调查问卷设计费、印制费	2000
4	调查实施费	7000
5	数据录入费	3500
6	数据统计分析费	6000
7	调研报告撰写费	3000
8	办公费用	4000
9	劳务费	3000
10	专家咨询费	2000

续表

序号	项目名称	项目费用（元）
11	成果提交和鉴定等相关费用	2500
12	报告印制、装订费	2000
13	项目利润	5000
	合计	43000

七、编制调查方案书

调查方案书是对总体调查活动的整体策划和安排，能帮助调查者有序开展调查活动，确保整个调查活动按部就班。一份完整的调查方案应包含以下内容：

（1）前言　简要介绍整个调查项目产生的背景。

（2）调查目的和意义　指明调查结果即将为企业带来的决策价值、经济效益或社会效益。

（3）调查内容和调查范围　明确指出调查所要解决的主要问题、主要实施的方面、所需获得的信息资料，以及调查对象以及调查的时间、地点范围等内容。

（4）调查方法　明确调查即将采用的研究方法、抽样方案、样本量需要达到的精准指标、数据的最终采集方法、拟采用的调查方式、调查问卷的形式、数据的处理和分析方法等内容。

（5）调查进度和经费预算　在实施进度的时间和费用计划上应注意留有一定的弹性，以应付意外事件的影响。

（6）附件　调查团队、团队成员的分工以及收集的调查问卷。

【任务实施】

1. 小组分组，要求每组3～4人，小组根据【任务导入】的情境，选择一种产品作为本项目实施的依据。

（1）小组组建情况

组长：＿＿＿＿＿＿，任务分工：＿＿＿＿＿＿＿＿＿＿＿＿＿＿

组员：＿＿＿＿＿＿，任务分工：＿＿＿＿＿＿＿＿＿＿＿＿＿＿

＿＿＿＿＿＿，任务分工：＿＿＿＿＿＿＿＿＿＿＿＿＿＿

＿＿＿＿＿＿，任务分工：＿＿＿＿＿＿＿＿＿＿＿＿＿＿

（2）小组选择的项目产品

本小组选择的项目产品是：＿＿＿＿＿＿＿＿＿＿＿＿＿＿＿＿＿＿

（3）项目产品的背景与特点

请通过互联网、图书馆或其他手段，了解有关项目产品的基本信息。

产品是：＿＿＿＿＿＿＿＿＿＿＿＿＿＿＿＿＿＿＿＿＿＿＿＿＿

产品的功能是：＿＿＿＿＿＿＿＿＿＿＿＿＿＿＿＿＿＿＿＿＿

产品的使用场合：＿＿＿＿＿＿＿＿＿＿＿＿＿＿＿＿＿＿＿＿

产品的特点：＿＿＿＿＿＿＿＿＿＿＿＿＿＿＿＿＿＿＿＿＿＿

其他信息：＿＿＿＿＿＿＿＿＿＿＿＿＿＿＿＿＿＿＿＿＿＿＿＿＿

2. 根据【任务导入】的情境及小组选择的产品，小组讨论，明确以下内容：

第一步：确定调查目的及调查主题

（1）你们小组的调查目的是：＿＿＿＿＿＿＿＿＿＿＿＿＿＿＿＿

（2）确定的调查主题是：＿＿＿＿＿＿＿＿＿＿＿＿＿＿＿＿＿＿

（3）围绕调查目的和调查主题，需要调查了解哪几个方面的内容（概括性内容）？

　　a.＿＿＿＿＿＿＿＿＿＿＿＿＿＿＿＿＿＿＿＿＿＿＿＿＿＿＿＿

　　b.＿＿＿＿＿＿＿＿＿＿＿＿＿＿＿＿＿＿＿＿＿＿＿＿＿＿＿＿

　　c.＿＿＿＿＿＿＿＿＿＿＿＿＿＿＿＿＿＿＿＿＿＿＿＿＿＿＿＿

第二步：确定具体调查内容

a.主要调查内容一＿＿＿＿＿＿＿＿＿＿＿＿＿＿＿＿＿＿＿＿

可能涉及的具体内容项目为：＿＿＿＿＿＿＿＿＿＿＿＿＿＿＿＿

b.主要调查内容二＿＿＿＿＿＿＿＿＿＿＿＿＿＿＿＿＿＿＿＿＿

可能涉及的具体内容项目为：＿＿＿＿＿＿＿＿＿＿＿＿＿＿＿＿

c.主要调查内容三＿＿＿＿＿＿＿＿＿＿、＿＿＿＿＿＿＿＿＿＿

可能涉及的具体内容项目为：＿＿＿＿＿＿＿＿＿＿＿＿＿＿＿＿

d.主要调查内容四＿＿＿＿＿＿＿＿＿＿＿＿＿＿＿＿＿＿＿＿＿

可能涉及的具体内容项目为：＿＿＿＿＿＿＿＿＿＿＿＿＿＿＿＿

第三步：确定调查的方法

（1）通过图书馆和搜索引擎查找历史资料，明确是否存在上述调查内容所对应的信息？

a拟定的调查内容中，已有历史资料的项目有：

＿＿＿＿＿＿＿＿＿＿＿＿＿＿＿＿＿＿＿＿＿＿＿＿＿＿＿＿＿＿＿＿

其中，信息能够被本项目直接使用的是：

＿＿＿＿＿＿＿＿＿＿＿＿＿＿＿＿＿＿＿＿＿＿＿＿＿＿＿＿＿＿＿＿

b.拟定的调查内容中，需要通过组织调查以获取一手资料的项目有：

＿＿＿＿＿＿＿＿＿＿＿＿＿＿＿＿＿＿＿＿＿＿＿＿＿＿＿＿＿＿＿＿

（2）通过比较，我们拟将采用的一手数据收集方法是：

方法一：＿＿＿＿＿＿＿＿＿＿＿＿＿＿＿＿＿＿＿＿＿＿＿＿＿

原因是：＿＿＿＿＿＿＿＿＿＿＿＿＿＿＿＿＿＿＿＿＿＿＿＿＿＿

方法二：＿＿＿＿＿＿＿＿＿＿＿＿＿＿＿＿＿＿＿＿＿＿＿＿＿

原因是：＿＿＿＿＿＿＿＿＿＿＿＿＿＿＿＿＿＿＿＿＿＿＿＿＿＿

方法三：＿＿＿＿＿＿＿＿＿＿＿＿＿＿＿＿＿＿＿＿＿＿＿＿＿

原因是：＿＿＿＿＿＿＿＿＿＿＿＿＿＿＿＿＿＿＿＿＿＿＿＿＿＿

第四步：确定调查对象和调查范围

（1）根据调查主题，我们的调查对象是：

_____

调查对象所在地是：_____

（2）如果开展抽样调查，拟采用的抽样方法为：

采用这种抽样方法的原因为：_____

（3）设计调查样本数量应达到多少？_____

依据是：_____

第五步：确定调查时间和调查地点

（1）根据项目的具体情况，本项目预计的调查时间跨度为：

_____ 至 _____

整个调查设计各环节的预计时间分配：

调查环节	时间起止计划
1.	
2.	
3.	
4.	
5.	
6.	

（2）拟开展的调查地点为：_____

原因是：_____

第六步：编制调查经费预算表

根据调查项目的整体设计安排，调查经费预算总额约为_____元，预算依据如下：

	工作内容	工作人员	负责人	所需时间	所需费用	备注
第一阶段 调查策划						
第二阶段 方案设计						
第三阶段 调查实施						
第四阶段 数据整理分析						
第五阶段 调查报告撰写						
………						

注：各小组可按照小组具体调查内容设计上述计划表。

第八步：撰写、提交调查报告

撰写的调查报告主要包括哪些方面内容：

_____

提交的调查报告的形式：_____

3. 请以小组为单位，根据所选择的产品，设计并撰写、提交一份完整的市场调查方案书。方案书中应清晰标明小组成员名单、各成员在项目中的任务分工和完成情况。

4. 认真分析小组调查方案的可行性，对其逐步改进和完善，为后续任务实施奠定基础。

【评分标准】

调查方案书制定的小组评分标准

评分项目	项目满分	实际得分	评分备注
团队组建	10		
调查目的和意义	10		
调查内容	10		
调查方法	10		
调查对象和范围	10		
调查时间和地点	10		
调查经费预算	10		
调查报告	10		
调查方案汇报	20		
合计	100		

*调查方案的汇报主要考察学生的团队协作精神、语言表达能力、逻辑分析能力和应变能力。调查方案书制定的个人评分标准小组成员最终得分参考下列小组成员分工表进行评分。

小组成员分工表

组员姓名	应承担的任务	任务完成情况	加减分情况	实际得分
*组长				
组员1				
组员2				
组员3				

任务二　调查前准备

【任务导入】

根据本项目学习任务一情境中所选择的产品,结合任务一的具体实施,做好市场调查前的准备工作。

【任务阐述】

根据项目学习任务一中完成的药品市场调查方案书,进行市场调查的前期准备工作,主要完成调查问卷的设计和完善、调查访问人员的招聘与培训工作。

【相关知识与技能】

在市场调查工作实地开展前,需要做许多准备工作,其中最重要的一项就是设计调查问卷。调查问卷的设计是实地开展调查工作前最重要的一项工作,是市场调查中最广泛使用的测量工具。

一、调查问卷的设计

调查问卷是指调查者从被调查者那里收集数据或相关资料的问题表。问卷的设计并非简单的问题罗列,设计时应注意问卷的结构和设计的程序。

(一)问卷的结构

问卷一般包括五个部分:前言、开场白、甄别部分、正文和后记。

(1)前言　包括调查人员、调查时间、调查内容概述、调查地点以及问卷编号等内容,处于问卷开头。

(2)开场白　这部分内容的目的是请求被调查者参与或配合调查,因此,一般包括称呼、问候语、自我介绍、调查目的和意义、合作请求以及表感谢的话。

(3)甄别部分　这部分内容主要是以提问的形式筛选出调查的目标对象。

(4)正文　这是真正获取所需资料或数据的内容,是调查表中最基本和最重要的部分,主要以问题的形式展现。

(5)后记　包括被调查者的姓名、性别、年龄、收入、职业、受教育程度、联系方式等信息,这些数据与被调查者正文部分的选择有着密切联系,因此一般都会要求被调查者填写。

下列是一份完整的问卷实例展示。

牌　G. 价格"。

程度评定法：常用于评定事物某方面的特性，要求被调查者从一组描述态度或疗效的答案中选择一个最能代表其态度的答案。常用的一组选项是"非常、好、一般、差、较差"。

如"您对葵花胃康灵的疗效满意吗？A. 非常满意　B. 满意　C. 一般　D. 不满意　E. 非常不满意"。

4. 题项用语的确定

在题项用语的措辞上，为避免出现被调查者的误解，应严格遵循以下原则：

（1）词汇简单　在题项中所使用的词汇，应尽量简单，以减少因不理解词汇含义而错答或拒答的现象。

（2）词汇含义清楚　题项中应使用那些只有一种含义且通俗易懂的词汇。避免因词汇歧义而错答的现象。

（3）题项应避免引导性　题项中不应该含有暗示被调查者如何作答的线索，否则会出导致调查结果的系统性误差。

（4）避免让被调查者凭估计回答　如果被调查者凭大致估计作答，那答案的真实性和准确性就会受到质疑，因此，问卷中的题项应从实际出发，尽可能让应答者能准确回答。如题项"您一年会出现几次胃不舒服？"就不如题项"您一个月会出现几次胃不舒服？"的调查结果清晰、准确。

5. 题项顺序的确定

前面已经提到，问卷设计并非简单的问题罗列，题项的顺序排列是有一定原则的：

（1）问卷的开头应尽可能设计一些简单有趣的题项，提高被调查作答的兴趣；而无趣且难回答的题项，应尽可能排列在问卷的后面。

（2）由一般性题项逐步过渡到特殊性题项。

（3）题项的安排应符合一定的逻辑顺序，应由远及近、由模糊到清晰的进行提问。

（4）应将封闭式提问放在问卷前面，开放式提问放在问卷后面；问卷中的题项应少而精，尤其是开放式提问的题项不宜过多。

6. 问卷外形的确定

问卷的外形主要是指调查问卷的版面设计，视觉效果优美且易于使用的问卷能更好的吸引被调查者、获得更高质量的作答效果。

7. 问卷预测试

问卷在正式使用前，往往需要进行预测试。一般会选择少量被调查者对问卷进行填答，从预测试中了解问卷设计中尚存在的缺陷，以改进和完善问卷。

二、选拔和培训调查员

市场调查员的素质和能力会直接影响到调查的质量，因此，选拔、培训和监督市场调查员就显得尤为重要。

（一）调查员的选拔

选拔市场调查员，需要把握所需的调查员的人数、素质要求和能力要求。

1. 选拔数量

主要根据调查方案的要求，确定展开调查所需要的人员数量及应具备的条件。

2. 选拔标准

主要考察调查员应具备的基本素质。

（1）有敬业精神、有责任心。

（2）踏实稳重、能耐心地诱使被调查者参与调查。

（3）有亲和力，能很好地与陌生人沟通交流，应变能力较强。

（4）积极乐观，能认真努力完成预定任务。

（5）能仔细记录调查所得的相关信息。

（6）心理承受能力较强。

3. 选拔途径

可以劳务派遣的形式选拔调查员，现在由于很多大学生参与到社会实践锻炼中，且大学生综合素质较高，可塑性强，因此，很多机构会选择在校大学生进行实地调查工作。

4. 选拔形式

一般有书面测试和面试两种形式，实践中，常用的是面试的形式。

（二）调查员的培训

选拔出的调查员素质和能力有所差别，因此，为保证调查质量和效果，在实地调查前，应该对调查员进行相关培训，以端正他们的调查态度、提高访问技能和访问成功率。

1. 培训内容

对调查员的培训主要包括基础培训和项目内容培训。

（1）基础培训　主要包括访问态度、访问技能和处理问题技能的培训。

访问态度的培训。一是要让调查员明确访调查访问工作的客观性、科学性及重要性。二是要求调查员在实际调查过程中能做到仔细认真、一丝不苟地完成任务。另外，调查员的责任意识培训也是非常重要的，主要包括对调查员接触被调查者、隐私问题和保密、提问态度、相关信息的记录、赠送礼品或礼金、礼貌待人等方面责任的培训。

访问技能的培训。主要培训调查员如何与陌生人沟通交流、如何与被调查者愉快合作，如何有效完成调查任务。

处理问题技能的培训。主要培训调查者处理各类可能出现的特殊情况的能力，以减少因处理不当带来的调查问题。

（2）项目内容的培训　指对所要进行调查访问的项目的内容进行培训，主要包括：项目的调查内容、调查目的；项目的问卷结构、问卷内容；项目的调查时间、调查地点、调查人群和注意事项。

2. 调查员的培训方法

主要有理论讲授、模拟训练与实践操作训练。

（1）理论讲授　采用理论讲授的形式，对新参加的调查员进行市场调查基本原理、调查经验和方法以及相关背景资料的系统介绍。另外，对于新选拔的调查员，应安排有丰富经验的工作人员对他们进行市场调查、资料收集等方面技巧的具体指导。

（2）模拟训练　模拟训练法是一种由受训人员参与模拟调查并获得一定真实感受的培训方法。其中，"角色扮演"和"案例分析"是较为常用的训练方法。

（3）实践操作训练　让受训人员充当经验丰富的调查员的助手，或担任被调查者，让经验丰富的调查员从旁指导，能激发受训人员学习兴趣，并从实训中提高技能、掌握技巧。

（三）调查员的监督

在实际调查活动中，为更好地实施调查任务，避免因调查员的工作失误导致不理想的调查结果，通常会采用追查访问、路线复查、电话复查和信函复查的方式对调查员进行有效的监督管理。

【任务实施】

1. 根据小组选择的调查项目设计市场调查问卷初稿。

_____

2. 对调查问卷初稿进行修改和完善。

_____

3. 问卷的预调查

打印几份完善后的问卷，请其他小组同学（最好是几名预定的被调查者）帮忙填写，并进行如下分析：

被调查者对问卷填答有无异议或问题？

_____

出现这些问题的原因是什么？

_____

结合上述原因，如何完善小组问卷？

_____

4. 熟悉调查员的基本素质要求，并与自身素质进行比对分析：

调查员应具备的基本素质要求有哪些？

_____

比对以上素质要求，你自身的评价是？

_____

具备的素质有：_____

不具备的素质有：_____

你将如何改进和提升自身：

_____

任务三　调查实施

【任务导入】

利用学习任务二中所设计的调查问卷实施实地调查，完成相关数据信息的收集，数据信息要求全面、完整和准确。

【任务阐述】

本学习任务是利用设计好的调查问卷实施实地调查工作。要求学生能在做好调查充分准备工作的基础上，实地展开调查活动，实施市场相关信息的收集任务。

1. 实施实地调查。
2. 调查实施过程的监督和控制。

【相关知识与技能】

调查实施过程就是做好在调查准备工作的基础上，调查员请被调查者填答设计好的调查问卷的过程。其实从调查员的选拔和培训开始，就已经在进行实地调查的准备工作了，在这部分内容中，主要介绍实地调查的过程和调查实施过程的监管工作。

一、实施实地调查过程

（一）接触被调查者

与被调查者的初次接触对调查工作能否顺利进行起着决定作用。在这个过程中，调查员的态度及邀请被调查参与调查的语言和技巧是非常重要的。应尽量避免特意征求意见的提问，如"我能占用您一点时间吗？"这类的问话往往会遭到拒绝。当被拒绝时，应学会掌握一些处理拒绝的技巧。如当被调查者说"我这会儿不太方便，不好意思"时，调查员可以采用"那您什么时候方便，我可以再来吗？"这样的处理方式。

（二）提问

如果采用事先设计好的问卷，那调查员只需指导被调查者准确填答问卷就行了。但当问题需要由调查员提出并记录答案时，那提问的措辞、顺序和态度就非常重要了，恰当的提问方式应遵循以下指导原则：

（1）对问卷内容做到了然于心；

（2）按问卷设计的顺序进行提问，不要遗漏问题；

（3）尽量使用问卷中的措辞或通俗易懂的用语；

（4）提问时注意语速；

（5）必要时重复问题并进行必要的解释；

（6）注意观察被调查者的作答，对一些问题可以适时追问。

（三）适时追问

适时追问是为了更好地实现调查目的，收集到更为详实的信息，鼓励被调查者进一步说明和解释他们的答案的过程。适时的追问可以起到防止被调查者应答跑题、避免浪费时间等问题。实践中常用以下几种追问技巧：

（1）重复提问　同样措辞地重复提问能引起被调查者注意，并有效引出答案。

（2）重复被调查者的答案　这样可以刺激被调查者给出更为确切的回答和更多细节。

（3）短暂停顿　短暂的期待性停顿或眼光，可以暗示被调查者，调查员希望能够得到更为完整的回答。但停顿时间不宜过长，不然就会变成尴尬。

（4）打消被调查者疑虑　当被调查者对答案表现出犹豫时，调查员应及时采用"答案不分对错，我们仅仅是想了解您的真实情况而已"等话语打消他们的疑虑。

（5）鼓励和引导被调查者说明细节　如"我不太理解您的意思，能说得更详细点吗？"

（6）问题追问　如"还有其他原因吗？""您为何会有这样的感觉呢？"

（四）记录答案

记录答案并非如想象中那般简单，对于答案的记录工作有以下基本要求：

1. 访谈中记录；
2. 以被调查者语言记录，不要自己概况或理解被调查的答案；
3. 记录的应是与调查目的有关的所有内容；
4. 记录所有的追问和回答；
5. 经被调查者同意，可以采用录音、录像设备。

（五）结束访谈

在结束访谈时，应对被调查者的配合表示感谢，但访谈结束的时间应是获得所有所需信息之后。

二、调查员的监督和控制

监控调查员是为负责整个调查过程中调查访问人员的有意识或无意识的作假行为而设置的调查监控人员，其目的是为了确保调查人员严格按照培训中的指示进行调查，内容包括调查质量控制、抽样的控制、作弊行为控制等。

（一）调查质量的控制

主要包括对调查员是否按照计划实施调查任务，调查过程中的困难以及调查实施情况等方面进行质量控制，必要时可以对需要的调查员进行额外培训。

（二）抽样的控制

为避免与调查员不与那些他们认为不合适或难以接触的抽样单位打交道而自主主张地对别的被调查者或调查单位进行调查来替代，或自作主张地扩大定额抽样的调查范围等问题，调查项目的组织者应每天记录每个调查员的访谈数量、未能做到的访谈数量、被拒数量及完成的访问量等数据。

（三）作弊行为的控制

迫于某些压力，调查中可能会出现调查员篡改或杜撰部分甚至整个问卷答案，以使答案趋近理想答案的问题。因此，应加强对实地调查工作的核查，尽可能地减少作弊行为。

（四）现场核查

此工作的目的在于验证调查员提交调查结果的真实性。如询问被调查员是否确实接受过该调查员的调查，了解调查实际进行的时间、调查对象对调查员的反映以及被调查者的背景资料（如年龄、性别和职业等）。

（五）评估调查员

及时评估调查员，一方面能帮助调查员了解自己的工作状况，并改进和完善；另一方面能从中寻找或建立一支高素质调查队伍，利于以后调研工作的开展。对调查员的评估，主要从时间、评价成本、访谈回答率/拒访率、访谈质量和数据质量等方面进行。

（1）时间　将调查员完成相同调查任务所用的时间进行横向或纵向对比，当其他条件一致的情况下，所用时间越短越好。

（2）平均成本　将调查员完成相同调查任务所用调查平均成本（工资和费用）进行横向或纵向对比，当其他条件一致时，每次调查的平均成本越低越好。但需考虑地理因素和时间因素对平均成本的影响。

（3）访谈回答率/拒访率　当调查员实地调查过程中出现回答率过低或拒访率过高时，应认真分析出现的原因和应对的策略。如考虑调查员的素质是否达到要求，或是被调查者的排拒意识过强，应该如何解决这些问题。

（4）访谈质量　评估调查员的访谈质量时，主要考虑调查目的的介绍是否恰当、调查员的提问是否准确、追问技巧和沟通技巧如何，结束访谈时的表现是否恰当等方面。

（5）数据质量　主要考核记录的数据是否清晰、是否严格按问卷内容进行调查；是否详实完整地记录开放性问题的答案、未答问题有多少等方面。

【任务实施】

1. 实施调查的准备工作

（1）问卷的印制及经费预算

需印制的问卷数 ＿＿＿＿＿；经费预算＿＿＿＿＿

（2）调查样本的确定

①本调查样本量为：＿＿＿＿＿＿＿＿＿＿＿＿＿＿＿＿＿＿＿＿

确定依据：＿＿＿＿＿＿＿＿＿＿＿＿＿＿＿＿＿＿＿＿＿＿＿

②选用的抽样方法是：＿＿＿＿＿＿＿＿＿＿＿＿＿＿＿＿＿＿＿

抽样结果：＿＿＿＿＿＿＿＿＿＿＿＿＿＿＿＿＿＿＿＿＿＿＿

（3）选用的调查方法

邮寄调查：＿＿＿＿＿＿＿＿＿＿＿＿＿＿＿＿＿＿＿＿＿＿＿

a. 如何获取邮寄对象信息＿＿＿＿＿＿＿＿＿＿＿＿＿＿＿＿

b. 邮寄地址、邮编和收件人信息＿＿＿＿＿＿＿＿＿＿＿＿＿

c. 邮寄信封、回邮信封是否准备＿＿＿＿＿＿＿＿＿＿＿＿＿

d. 赠送的礼品或礼金＿＿＿＿＿＿＿＿＿＿＿＿＿＿＿＿＿＿

e. 其他_____

电话调查：

a. 被调查者的联系方式_____

b. 甄别要求_____

c. 具体调查时间_____

d. 电话调查员 _____ 名、拨打调查电话 _____ 个；

e. 调查工具，如笔、纸等；

f. 其他_____

街头拦截访问调查

调查实施具体地点为：_____

调查实施时间为：_____

被调查者的限制条件：_____

任务四 调查资料的整理与分析

【任务导入】

这是根据市场调查的目的和意义，对调查所得的原始资料和信息进行科学审查、分类和汇总，并统计分析的过程。一般包括调查问卷的回收与审核、问卷的编码、数据的录入和数据资料的统计分析等步骤。

【任务阐述】

通过任务三的学习，获得了调查所需的原始数据。本次学习任务则是审核回收的调查问卷，编码问卷，完成数据录入，并进行数据资料的统计分析。

（1）回收与审核调查问卷。

（2）编码调查问卷。

（3）录入数据。

（4）数据资料的统计分析。

【相关知识与技能】

一、调查问卷的回收与审核

（一）调查问卷的回收

调查问卷的回收应注意规定时间期限，以免影响到整个调查的进程。问卷回收后，就是审核问卷。

（二）调查问卷的审核

主要检查问卷填写的完整性和填写质量，及时发现和纠正问卷填写中的错误。以下是实践中常见的错误：

（1）问卷填写不完整或缺失；

（2）被调查者不认真或不如实回答问题；

（3）被调查者不属于应调查的目标人群。

如果发现以上问题，可以采用给出估计值、设为缺失值或放弃整份问卷的形式，但必要时可将问卷返还调查员重新调查。

二、编码问卷

对问卷进行编码包括对封闭式提问问题的编码和开放式提问问题的编码。

1. 封闭式提问问题的编码

一般采用事前编码，编码时须遵循以下原则：

（1）不重叠 每个答案所对应的编码应是唯一的，不能有重叠。

（2）不遗漏　编码该涵盖所有可能的情况，不应有遗漏。

（3）一致性　编码是针对所有问卷的，含义一致。

（4）符合常识　编码应符合常识，避免导致误解。例如，对于受教育水平、购买频次、品牌忠诚度等，应当用大的数字表示受教育水平高、购买频次多和忠诚度高的组别，而不是倒过来。

（5）粗细适宜　编码应根据调查的需要采用适宜的详细程度。过细不利于汇总和分析数据，而过粗又会导致大量信息丢失，同样无法满足分析的需要。

2. 开放式问题的编码

开放式问题的答案不一致，编码较为复杂，常采用事后编码，其编码步骤如下：

（1）列出问题的所有答案。

（2）筛选出有意义的答案，并排列成为频数分布表。

（3）根据调研目的确定分组数。

（4）根据分组数，将答案整理、挑选归并，保留频数较高的答案，归并频数较低的答案，以"其他"来概括难挑选和归并的答案，小组核对、讨论和分析，最终形成统一意见。

（5）确定恰当的描绘词汇。

（6）按分组结果制定编码规则、编码。

例如，对于开放性问题"你选购胃药时考虑的最主要因素有哪些？（单选）"，可能得到如下的回答（括号中是出现的频次，假设总样本量为100）：

①使用疗效好（31）　　　　　　②毒副作用小（19）

③价格合理（16）　　　　　　　④店员服务态度好（10）

⑤广告活动多（3）　　　　　　　⑥购买方便（8）

⑦经常进行打折促销活动（3）　　⑧品牌知名度较高（2）

⑨朋友或家人推荐（1）　　　　　⑩其他（1）

根据上述分布，将编码方案合并为以下几个因素（括号中为原序号）：

①产品因素（1）　　　　　　　　②健康因素（2、4）

③价格因素（3、7）　　　　　　　④品牌因素（5、8、9）

⑤渠道因素（6）　　　　　　　　⑥其他（10）

三、数据录入、缺失数据处理

1. 数据录入

数据录入是将编码数据通过键盘、机读卡、扫描等方式录入计算机，形成电子数据集的过程。数据录入过程应做好以下几方面工作：

（1）选择恰当的数据录入方式；

（2）培训录入人员；

（3）录入质量的复核与监管；

2. 缺失数据的处理

对于调查、编码和录入过程中出现的无效值和缺失值，常用估算、整列删除或成对删除的方法进行适当的处理。

四、调查资料的统计分析

录入电脑后的有效数据需要使用科学的统计方法进行分析，得出具有指导意义的结论。常用的方法是调查数据的图表化分析和调查数据的描述性统计分析。调查资料的统计分析则是在对调查数据进行量化分析的基础上，以揭示事物内在数量关系、规律和发展的一种资料分析方法，常常伴随定量分析方法的应用，如描述性统计分析就是最为基础的资料统计分析。

1. 调查数据的图表化分析

是指将分类处理后的数据进行统计分析，并将结果用图表或图形的形式展示。这种分析法具有一目了然、清晰明确的好处。

实践中，常用的有散点图、折线图、柱状图和饼图等，可以使用excel、spss等工具完成图形绘制，具体绘图方法可参照相关书籍。

（1）散点图　常用横坐标轴代表原因，用纵坐标轴代表结果，每一组数据在坐标系中用一个点表示。这些点显示出的规律性则代表现象之间存在的依存关系，若无，则说明现象之间不存在依存关系。

（2）折线图　是在散点图的基础上，用直线段将各散点连接形成升降起伏的折线，以此表示现象的变动情况和未来发展趋势。

（3）柱状图　以若干宽度相等的平行柱状图形的高低、长短展示调查数据之间关系的图形。可以用于同类指标在不同时间、地区和单位之间的比较，也可用于实际数据与计划数据间的比较。柱状图绘制简单、效果清晰，应用非常广泛。

（4）饼图　用圆饼或扇形面积的大小来表示调查数据所占比例的图形，多用于展示事物内部结构、或同类现象的比较分析。

2. 描述性统计分析

（1）频数分布　将某变量的取值与其对应样本的绝对数、相对数和累积频率按一定顺序排列，则构成了该变量的频数分布，它主要考察的是单个变量的取值范围与分布情况。通过数据的排列，可以直观地描述变量的取值分布情况。常用的有集中趋势指标、分布形状指标和差异性指标。

（2）列联表　当调查数据的处理过程中需同时考虑两个或两个以上变量分布情况，或变量与变量间的关系时，会用到列联表。如药品品牌忠诚度与消费者职业之间的关系？新产品的接受能力与年龄、文化程度和收入之间的关系？

【任务实施】

1. 对回收的问卷进行审核，挑选出不合格的问卷，并对不合格问卷进行分析。

总计发放问卷：_____份

回收问卷：_____份

不合格问卷：_____份

不合格的问卷主要原因是：_____

修改后能否使用：_____

填写问卷审核表：_____

2. 对问卷中的问题进行编码，并提交一份编码表如下：

_____

3. 运用execl建立数据表，完成所有问卷的数据录入工作。

（1）数据录入_____

（2）缺失数据的处理

将录入完毕的数据，取名为"重庆市胃药销售情况市场调查"并保存，备统计分析用。对调查问卷中缺失的问卷进行分析，记录如下：

_____

_____

4. 数据的初步整理分析

根据调查问卷题项的具体情况，对录入的数据进行简单的整理和方法的选择。

5. 利用excel软件，完成调查问卷相应题项的简单统计分析。要求：

（1）对每一题进行简单频数统计，并将数据结果利用图表形式表现出来。

（2）提交录入的数据表和统计分析结果。

_____

任务五　撰写调查报告

【任务导入】

根据选择的调查主题，在完成数据整理和统计分析的的基础上，撰写一篇完整的重庆市胃药销售情况市场调查报告，并汇报调查结果。

【任务阐述】

在完成学习任务四的基础上，撰写一份结构完整的调查报告，并进行调查结果的汇报展示。

（1）调查数据的结果分析。

（2）按规定要求撰写调查报告。

（3）汇报市场调查报告。

【相关知识与技能】

调查报告是在调查事实材料和数据分析结果的基础上客观反映事实的书面报告，是市场调查的最终成果形式，也是决策者或决策执行者与调查项目进行沟通的唯一途径，他们的评估意见很大程度取决于调查报告，因此调查报告的重要性不言而喻。

一、调查报告的格式

一份完整的调查报告应包括扉页、目录、前言、正文、结尾和附件。

（一）扉页

扉页应包括报告的住标题、副标题、报告撰写者和提供日期。

（二）目录

目录是对整份调研报告内容的索引，应包含二级以上标题和页码。

（三）前言

前言是对调查项目的概述，包含报告的授权、报告的实施、报告内容的可靠依据，调研目的和意义、调研时间和范围、调研人群、数据收集的方法及致谢等内容。

（四）正文

正文应包含调研目的和意义、调研方法、调研结果、本次调研的局限性、调研结论和建议、摘要等。

1. 研究目的和意义

调研者应首先简要地说明该调研活动的目的和意义、调研时间和范围、调研人群，以供阅读者清晰准确地把握调研报告的内容。

2. 调研方法

这部分内容需要阐明以下五个方面的内容：

（1）调研设计　说明本次调研所采用的类型是探索性调研、描述性调研、因果性调研或其他。

（2）资料收集方法　本次调研收集的是一手资料或二手资料，通过调查、观察或实验等哪种方式如何获得的。

（3）抽样方法　包含调查的目标总体是什么、抽样样本单位是什么，样本是如何被选取出来的等。

（4）实地调查　应包含实地调查人员的数量及他们的选拔条件，调查人员的培训、调查工作的监督管理等。

（5）分析　说明所使用的统计分析方法。

3. 调研结果

调研结果是正文的重要内容，这部分内容应按一定的逻辑顺序、结合调研目的、以叙述的形式展示调研结果，其间可以配合使用一些有代表意义的表格和图像，可使报告结果更形象、具体。

4. 本次调研的局限性

任何调研都不可能是十全十美的，因此必须切合实际、谦虚地指出本次调研的局限性，并予以科学的评价。

5. 调研结论和建议

调研结论是基于调研结果提出的意见，而建议则是在调研结论的基础上提议应采取的行动，这部分内容应该较为详细，必要时辅之相关论证材料。

6. 摘要

摘要须写明为何要开展此项调研，考虑到该问题的哪些方面、有何结果以及建议怎么做。摘要是调研报告的重要部分，必须写好。

摘要可以放在正文的最后或最前面，许多决策者只阅读摘要，因此，摘要很可能是调用者影响决策者的唯一机会。摘要是将整个调研情况进行概述，其中应重点介绍调研结果和结论，但不提倡在此部分提供建议或提议，以免影响决策者的判断。

（五）附件

附件的内容是不宜出现在正文、但却对正文中的内容有支撑、阐释作用。实践中常把调研提纲、调查问卷、被调查者名单、正文中未列出的统计分析表和参考文献等。

二、调查报告写作的基本要求

（1）清晰、简要的表达。

（2）恰当的运用图表。

（3）基本内容　调研报告中应该陈述调查的动机、目标、结果、结论和建议。

（4）表达方式　①书面报告形式；②PPT软件报告形式。PowerPoint是制作此类报告的通用手段；③口头报告；④网络报告。

三、调查报告的陈述与演示

市场调查报告的陈述除了书面形式外，口头报告也是非常重要的形式。在实际的陈述和演示过程中，听众能与报告者就关心或疑惑的问题进行互动和交流，能起到书面报告无法比拟的效果，因此，其重要性不可低估。

（1）用PPT进行陈述和演示。

（2）成功的陈述和演示要点 ①能熟练进行演示工具（如电脑多媒体、投影仪）的操作；②对报告内容应非常熟悉；③要"讲"而非"念"报告材料；④用图表和案例进行说明，文字应少而精；⑤演示时可使用动作、手势增加听众注意力，但不宜过多或过大；⑥应穿正式服装，不得过于随意；⑦语言表达清晰、生动、逻辑性强；⑧注意与听众的沟通交流。

【任务实施】

1. 调查报告的撰写

（1）调查报告的扉页

为你们小组的调查报告设计一个扉页。

_____

_____

_____

_____

（2）调查报告的目录

结合报告内容拟定一份完整的报告目录。

_____

_____

（3）简要总结你们小组的调查背景（500字以内）

_____

_____

_____

_____

_____

_____

_____

（4）调查主题与内容

_____

_____

（5）项目的抽样与调查方法

_____

_____

（6）总结本次调研的整体活动进程

_____

_____

_____

（7）调研数据处理所用的工具与方法

_____

_____

_____

（8）调查结果的整理

请详尽介绍调查所获得的结果。

_____

_____

_____

_____

_____

（9）总结此次调查所获得的结论（500字以内）

_____

_____

_____

_____

_____

2. 调查报告撰写与提交　根据所收集的资料，撰写一份完整的调查报告，并提交纸质版的打印稿。

_____

_____

3. 调查结果汇报与评比　小组制作演示PPT，对本次调查进行汇报，并进行小组评比。

_____

项目 三 药品市场开发实务

项目目标

【知识目标】

1. 掌握影响药品市场营销的宏观环境，熟悉影响药品市场营销的微观环境，了解药品市场营销的分类及对环境分析的方法与对策，学会运用SWOT分析法进行药品市场营销环境的分析。

2. 熟悉药品市场细分的特点和原则、目标市场的定位；掌握药品市场细分的方法、药品目标市场的选择的策略。

3. 熟悉产品生命周期的含义；了解波士顿矩阵；掌握产品生命周期不同阶段的特点与营销策略。

【能力目标】

1. 能熟练运用SWOT分析法。

2. 掌握医药企业市场细分的方法和市场定位的策略。

3. 能判断产品所处的生命周期，并能根据其所处生命周期制定相应的营销策略。

任务一 药品市场营销环境分析

【任务导入】

RJ清洁液是山东BSL公司推出的日常保健护眼清洁产品，作为中国国内首款眼部清洁产品，RJ以其先进的配方和显著的功效，改变了人们使用眼药水的习惯，配制出独特的保健型眼药水，并在十年来一直占据着第一品牌的位置。目前RJ品牌在大学生群体市场占有率最高，其次是ZSM、RS等保健型品牌眼药水。在15～25岁的眼药水使用群体中，以在校大学生消费居多，他们使用眼药水讲究知名品牌，价格在10～20元上下的中高档用品，对眼药水的选择上多用保健型眼药水，大学生群体使用眼药水有三大特点:一是首次使用半数不是自己购买，来自父母或同学朋友，通过朋友和同学的推荐，容易在群体中流行；二是佩戴眼镜的学生大部分都使用过眼保健药水，部分人还会长期使用下去，而不佩带眼镜学生只有小部分使用过眼保健药水；三是女生使用比例远远高于男生。

另外还有VDT综合征人群，VDT综合征也叫办公室用眼综合征，这部分群体容易用眼过度，尤其是长时间、近距离注视闪烁或单调、刺眼的屏幕等，均可引起视疲劳，VDT工作者的视疲劳是普通工作者的4倍。在购买眼保健产品人群中，这部分人数每年增长都很快，而且他们的购买力非常强，容易受到广告的影响，对名牌产品有明显的偏好。

近年来，眼科用药市场急剧扩大，眼科药物已完全被医药界从五官科药物中剥离出来，单独作为一个药物类别。2003年的销售额超过5亿元；LD、RS、RJ3个品牌销售均过亿元。山东BSL公司计划对目前的营销环境做充分分析，从而制定更适合RJ的营销策略。

【任务阐述】

以RJ为研究对象，从当前眼科用药市场特点和消费者特点进行分析，利用SWOT模型制定出RJ的营销策略。

（1）眼药水市场发展趋势分析。

（2）眼保健市场现状及消费者对新药品的态度。

（3）市场上竞争品牌形势分析。

（4）消费者需求分析。

（5）根据SWOT模型RJ自身的优势和劣势以及在宏观和行业环境中面临的机会和威胁。

（6）写出相应的应对策略。

【相关知识与技能】

一、药品市场环境

药品市场营销环境是指在医药企业生产、营销活动之外，能够影响药品市场供给和需求的各种外部条件与内部因素的总和。其对企业的影响主要表现为两个方面：一方面为企业营销提供机会；另一方面对企业营销造成障碍和威胁。因此，企业营销活动必须根据自身实际能力，适应内外部环境的变化，谋求和保持企业外部环境、内部条件和企业目标三者之间的动态平衡。其中，外部环境是企业不可控的因素，最重要和最活跃。企业只有不断的了解、分析、预测和把握内外部营销环境因素，才能更好的顺应市场，得以不断发展和壮大。

二、药品市场营销微观环境与宏观环境

微观营销环境是指与医药组织关系密切，能直接影响到医药组织营销能力、服务顾客能力的各种因素，一般包括组织内部因素和组织外部因素两方面。

宏观营销环境是指能够影响整个微观环境的广泛的社会性因素，主要包括人口

因素、经济因素、自然环境因素、科学技术因素、政治法律因素、社会文化因素等。因其具有不可控性，企业只有不断的了解、把握这些宏观因素的发展变化，预测这些变化可能会对企业产生的影响，未雨绸缪，提前做出相应对策，以更好的适应环境变化，真正做到"适者生存"。

三、药品市场营销环境分析与对策

药品市场营销环境常通过外部的威胁与机会的方式对企业的营销活动产生影响，而企业则通过运用自身优势、弥补自身劣势等方式迎接挑战（威胁）、抓住和把握机会来适应变化的营销环境，在此过程中，如果没有处理好威胁，企业可能从繁荣走向破产，也可能通过把握好转瞬即逝的机会而从濒临破产走向蓬勃发展。因此，企业应学会分析和评价营销环境中的威胁和机会，常用的环境分析方法是SWOT（优势Strength、劣势Weakness、机会Opportunity、威胁Threaten）分析法，即企业运用组织内的自身优势和劣势对组织外的机会和威胁进行综合的分析评价，找出应对的最佳策略的方法。

四、企业营销对计划和威胁的对策

通过对环境威胁与机会的评价和分析，企业将针对四种不同的营销业务（图3-1）进行机会-威胁矩阵分析，采用不同的营销策略，即SO策略（把握优势-利用机会策略）、ST策略（把握优势-减少威胁策略）、WO策略（减少劣势-利用机会策略）和WT策略（减少劣势-减轻威胁策略），帮助企业更好地应对市场竞争。

1. 理想业务（威胁程度低而市场机会程序高的业务）

运用SO策略，即运用企业自身的优势抓住转瞬即逝的机遇，迅速行动，以免延误商机。

2. 冒险业务（市场机会程度和威胁程序均高的业务）

运用ST策略和WO策略（减少劣势-利用机会策略）。ST策略要求企业面对风险与挑战时，不应冒进，但也不应迟疑，充分运用自身优势去迎接挑战；WO策略则要求企业在全面分析局势的情况下，弥补自身劣势，扬长避短，创造条件，迎接挑战，争取突破性发展。

3. 成熟业务（市场机会程度和威胁程度均高的业务）

运用SO策略和WO策略。因为机会和威胁都相对偏低，可作为企业常规业务。此时，企业应扬长避短，尽量弥补其劣势，为将来可能出现的理想业务和冒险业务做好充分准备。

4. 困难业务（市场机会程度和威胁程度均高的业务）

运用WT策略（减少劣势-减轻威胁策略）。即面对困境和威胁，应努力改变自身以及周围的环境，如弥补自身劣势、转移或减轻环境威胁对企业的影响。

威胁程度		
低		高
机会程度 高	理想业务	冒险业务
低	成熟业务	困难业务

图3-1 机会-威胁矩阵

【任务实施】

请同学们进行分组，要求每组3~4人，选派组长并根据【任务导入】情境，对润洁产品进行市场环境分析，并给出相应对策。

1. 小组组建

   组长：_____，任务分工：_____

   组员：_____，任务分工：_____

   _____，任务分工：_____

   _____，任务分工：_____

2. 小组项目任务

   本小组研究项目为：润洁眼药水的市场营销环境分析_____

3. 项目产品的背景了解与产品认识

   请通过互联网、图书馆或其他手段，了解有关项目产品的基本信息。

   产品是：_____

   产品的功能是：_____

   产品的使用场合：_____

   产品有什么样的特点：_____

   _____

   竞争产品：_____

   目标消费者：_____

4. 项目分析

   （1）眼保健市场现状及消费者对新药品的态度

   （2）市场上竞争品牌形势分析

   （3）消费者需求分析

   （4）润洁的优势与劣势

   （5）润洁在宏观和行业竞争环境中的机会和威胁

   （6）润洁的应对策略（根据SWOT模型制定）

SWOT分析法分析眼保健市场

企业 对策 外部	长处（S）	弱点（W）
机会（O）	SO策略	WO策略

对策 企业 外部	长处（S）	弱点（W）
威胁（T）	ST策略	WT策略

填表备注：

SO战略：利用自身的优势去抓住外部机会

ST战略：利用自身的优势去避免和减轻外来威胁

WO战略：利用外部机会来改进自身弱势

WT战略：直接克服自身弱势和避免外来的威胁

任务二 药品市场细分、目标市场与市场定位分析

【任务导入】

BJH是BE医药保健有限公司QD分公司生产的一种感冒药，它独具特色的市场细分策略和市场定位在感冒药的红海市场中开辟出了一片蓝海。它适用于缓解普通感冒及流行性感冒引起的发热、头痛，鼻塞、四肢酸痛、流鼻涕、打喷嚏、咳嗽、咽痛等症状。

感冒药市场同类产品层出不穷，QD制药如何在如此竞争激烈的市场上脱颖而出，占据消费者的心智？如何使消费者在品种繁多的市场上首选自己的品牌？这就需要QD制药找出自己产品的优势，并对其赋予一定的特色，使产品在消费者心目中建立一定的形象，其开发的"BJH"感冒药正是以其黑白分开，"白天吃白片不瞌睡，晚上吃黑片睡得香"的广告语，准确地选择了自己的定位，在国内尚属首创，在人们心中占据了第一的重要位置。

【任务阐述】

根据BJH在感冒药市场的成功案例，对其进行市场细分定位的分析。

（1）确定市场细分策略。

（2）BJH的目标市场是什么？

（3）对BJH的市场定位进行分析。

【相关知识与技能】

一、市场细分

（一）药品市场细分的概念

药品市场细分就是指按照消费者对药品的需求、购买行为、习惯等的差异性，把一个总体市场划分成若干个具有共同特征的子市场的过程。分属于同一药品细分市场的消费者，他们的需要和欲望极为相似；分属于不同细分市场的消费者，对同一产品的需要和欲望存在着明显的差别。

我国药品市场是比较开放的市场，多年来存在着国企、合资、进口相互之间及其内部诸方面的竞争。任何规模的医药企业，均无法满足整体药品市场的不同需求。因此，药品经营者应根据内部条件、素质能力和特点，进行市场细分，以确定与其相适应的市场经营范围，并采取相应的市场策略，满足一部分消费者和用户某些方面的需求，才能取得满意的营销成绩。

（二）药品市场细分的作用及意义

细分药品市场不是根据产品品种、产品系列来进行的，而是从消费者（指最终消

费者和工业生产者）的角度进行划分的，是根据市场细分的理论基础，即消费者的需求、动机、购买行为的多元性和差异性来划分的。

但是市场细分并不意味着把一个整体市场加以分解。实际上，细分市场不仅是一个分解的过程，也是一个聚集的过程。所谓聚集的过程，就是把对某种产品特点最易作出反应的消费者集合成群。这种聚集过程可以依据多种标准连续进行，直到寻找出其规模足以实现企业利润目标的某一个顾客群。

药品市场细分在整个市场营销活动过程中发挥着关键性作用，是药品营销的核心环节。药品市场细分的作用具体表现在以下几个方面。

1. 有利于选择目标市场和制定市场营销策略

市场细分后的子市场比较具体，比较容易了解消费者的需求，企业可以根据自己经营思想、方针及生产技术和营销力量，确定自己的服务对象，即目标市场。针对着较小的目标市场，便于制定特殊的营销策略。同时，在细分的市场上，信息容易了解和反馈，一旦消费者的需求发生变化，企业可迅速改变营销策略，制定相应的对策，以适应市场需求的变化，提高企业的应变能力和竞争力。

2. 有利于发掘市场机会，开拓新市场

通过市场细分，医药企业可以对每一个细分市场的购买潜力、满足程度、竞争情况等进行分析对比，探索出有利于本企业的市场机会，使企业及时作出投产、异地销售决策或根据本企业的生产技术条件编制新产品开拓计划，进行必要的产品技术储备，掌握产品更新换代的主动权，开拓新市场，以更好适应市场的需要。

3. 有利于集中人力、物力投入目标市场

任何一个医药企业的资源、人力、物力、资金都是有限的。通过细分市场，选择了适合自己的目标市场，企业可以集中人、财、物及资源，去争取局部市场上的优势，然后再占领自己的目标市场。

4. 有利于企业提高经济效益

前面三个方面的作用都能使医药企业提高经济效益。除此之外，医药企业通过市场细分后，企业可以面对自己的目标市场，生产出适销对路的产品，既能满足市场需要，又可增加企业的收入；产品适销对路可以加速商品流转，加大生产批量，降低企业的生产销售成本，提高生产工人的劳动熟练程度，提高产品质量，全面提高企业的经济效益。

（三）药品市场有效细分的条件

医药企业进行市场细分的目的是通过对顾客需求差异予以定位，来取得较大的经济效益。众所周知，产品的差异化必然导致生产成本和推销费用的相应增长，所以，医药企业必须在市场细分所得收益与市场细分所增成本之间做一权衡。市场细分并不是越细越好。如果分得太细，企业会陷入应付众多细分市场的困境之中。如何寻找合适的细分原则，对市场进行有效细分，在营销实践中并非易事。一般而言，成功、有效的药品市场细分应遵循以下基本特征：

1. 细分市场的异质和同质特征

产品属性是影响顾客购买行为的重要因素，根据顾客对不同产品属性的重视程度，可分为同质偏好和异质偏好两种模式，这两种需求偏好差异的存在是市场细分的基本客观原则。例如维生素C的市场，所有的消费者对该产品的需求基本相同，定期购买量、购买频率也大致相同。只要价格合适，包装便于使用即可，没有更多可挑选之处。在同质市场上，不同的生产者向市场提供的商品和使用的营销策略大致相同，无需采用更多的促销手段，竞争的焦点主要集中在价格上。

2. 可衡量性

可衡量性是指用来细分市场的标准和变数及细分后的市场是可以识别和衡量的，即有明显的区别，有合理的范围。如果某些细分变数或购买者的需求和特点很难衡量，细分市场后无法界定，难以描述，那么市场细分就失去了意义。一般来说，一些带有客观性的变数，如年龄、性别、收入、地理位置、民族等，都易于确定，并且有关的信息和统计数据，也比较容易获得；而一些带有主观性的变数，如心理和性格方面的变数，就比较难以确定。

3. 可进入性

可进入性是指企业能够进入所选定的市场部分，能进行有效的促销和分销，实际上就是考虑营销活动的可行性。一是企业能够通过一定的广告媒体把产品的信息传递到该市场众多的消费者中去，二是产品能通过一定的销售渠道抵达该市场。

4. 可盈利性

可盈利性是指细分市场的规模要大到能够使企业足够获利的程度，使企业值得为它设计一套营销规划方案，以便顺利地实现其营销目标，并且有可拓展的潜力，以保证按计划能获得理想的经济效益和社会服务效益。

5. 相对稳定性

相对稳定性指细分后的市场有相对应的时间稳定。细分后的市场能否在一定时间内保持相对稳定，直接关系到企业生产营销的稳定性。特别是大中型企业以及投资周期长、转产慢的企业，更容易造成经营困难，严重影响企业的经营效益。

（四）药品市场细分的标准

药品市场细分的因素可概括为地理因素、人口统计因素、心理因素和行为因素四个方面，每个方面又包括一系列的细分变量。

（1）按地理因素细分　地理因素细分就是按消费者所在的地理位置、地理环境等变数来细分市场。因为处在不同地理环境下的消费者，对于同一类产品往往会有不同的需要与偏好，因此，对消费品市场进行地理细分是非常必要的。

（2）按人口统计因素细分　按人口统计因素细分，就是按年龄、性别、职业、收入、家庭人口、民族、宗教、国籍等变数，将市场划分为不同的群体。由于人口变数比其他变数更容易测量，且适用范围比较广，因而人口变数一直是细分消费者市场的重要依据。

（3）按心理因素细分　按心理因素细分，就是将消费者按其生活方式、性格、购买动机、态度等变数细分成不同的群体。

（4）按行为因素细分　行为细分根据消费者不同的消费（购买）行为来细分市场称为购买行为细分。行为变量能更直接地反映消费者的需求差异，因而成为市场细分的最佳起点。

（5）受益细分　根据消费者追求的利益不同来细分市场称为受益细分。由于消费者各自追求的具体利益不同，可能会被某种产品的具有不同特征或特征的变异产品所吸引，因而可以细分为不同的消费者群。就是说，这里的一个细分市场不是根据消费者的各种特点，而是在一种产品提供什么特殊效用、给购买者带来什么特定利益的基础上开发出来的。

二、药品目标市场的概念及选择模式

所谓药品目标市场（target market），是医药企业在市场细分化的基础上，依据企业资源和现有经营条件所选定的、准备以相应的医药产品或服务去满足其需要的一个或几个细分市场。

（一）药品目标市场选择的条件

医药企业目标市场选择是否适当，直接关系到企业的市场占有率和盈利。

1. 有足够大的市场容量

有一定的购买力，有足够的潜在需求量。从理论上讲，有两个以上的购买者，就可以进行市场的细分。但从实际和企业经济效益来看，由于细分市场的开发通常需要支付大量的资金，所以细分市场应该足够大，能提高效益。

2. 有充分发展的潜力

即该市场的需求尚未满足，企业能获得较多的销售机会，并有不断发展壮大的余地。反之，如果市场十分狭小，发展潜力小，那么企业的前景就十分暗淡，企业经营的风险就大。我国医药企业应走创新之路，以免低水平重复，相互压价竞争，影响企业的生存和发展。

3. 目标市场尚未被竞争企业控制或竞争尚不激烈

企业选择目标市场，在一般情况下，应选择竞争者比较少，或竞争者在实力、经营管理水平或营销能力等方面都比较弱小的细分市场。这样有利于企业开拓市场，在竞争中取得优势。

4. 能发挥医药企业内部的相对优势

医药企业内部的相对优势，一般指原材料、机器设备、技术水平、职工素质、企业规模、资金、研究开发能力、经营管理水平、交通运输条件、地理位置、气候条件等所表现出来的综合发展能力。只有企业内部的相对优势与目标市场上未被很好满足的消费需求相适应，医药企业与目标市场才能呈现平衡状况。

（二）目标市场选择策略

1. 无差异化策略

这种策略就是医药企业不考虑细分市场的差异性，把某种药品的整体市场看作一个大的目标市场，医药企业对构成市场的各个部分一视同仁，只顾及人们需求的共性，而不计其差异性，以单一的药品市场营销组合，推出一种医药产品，去试图吸引所有的购买者。

2. 差异化策略

是以市场细分为基础的市场策略，采用这种策略的企业把产品的整体市场划分为若干细分市场，从中选择若干细分市场作为自己的目标市场，并针对每个细分市场生产不同的产品，采取不同的市场营销组合方案。采用这种策略的企业一般都具有多品种、小批量、多规格、多渠道、多种价格和多种广告形式的营销组合等特点，以满足不同细分市场的需求。例如对医药行业来说，就是要在一种药品多种剂型、复方制剂、缓释剂、控释剂、给药途径等方面大做文章。

3. 集中策略

是指企业不是面向整体市场，也不是把力量分散使用于若干细分市场，而是集中力量进入一个细分市场（或是对该细分市场进一步细分后的几个更小的市场部分），为该市场开发一种理想的产品，实行高度专业化的生产和销售。

三、医药市场定位

（一）市场定位的概念

市场定位是在上世纪70年代由美国营销学家艾·里斯和杰克特劳特提出的，又称为产品定位，就是确定产品在市场中的位置。其含义是指企业根据竞争者现有产品在市场上所处的位置，针对顾客对该类产品某些特征或属性的重视程度，为本企业产品塑造与众不同的，给人印象鲜明的形象，并将这种形象生动地传递给顾客，从而使该产品在市场上确定适当的位置。

（二）药品市场定位的方法

药品市场定位的方法主要为三次定位法：

（1）第一次产品功能定位，认识、了解自己的优势产品，明确"我是我"；

（2）第二次找准自己产品潜量最大，需要予以特别关注的人群，告知消费者"我是谁"；

（3）第三次将产品、品牌、经营者观念向消费者靠拢，完成由产品特色向传播产品的独特利益的质的转变，实现消费者需求与经营者产品诉求的和谐统一，明确"谁是我"。

【任务实施】

请同学们进行分组，要求每组3~4人，选派组长并根据【任务导入】情境，对白加黑的市场细分、目标市场选择以及市场定位策略进行分析。

1. 小组组建

组长：＿＿＿＿＿＿，任务分工：＿＿＿＿＿＿＿＿＿＿＿＿＿＿

组员：＿＿＿＿＿＿，任务分工：＿＿＿＿＿＿＿＿＿＿＿＿＿＿

＿＿＿＿＿＿，任务分工：＿＿＿＿＿＿＿＿＿＿＿＿＿＿

＿＿＿＿＿＿，任务分工：＿＿＿＿＿＿＿＿＿＿＿＿＿＿

2. 小组项目任务

本小组选择的研究项目为：白加黑感冒药市场细分策略与定位分析＿＿＿＿＿＿＿＿＿

3. 项目产品的背景了解与产品认识

请通过互联网、图书馆或其他手段，了解有关项目产品的基本信息。

你们的产品是：＿＿＿＿＿＿＿＿＿＿＿＿＿＿＿＿＿

产品的功能是：＿＿＿＿＿＿＿＿＿＿＿＿＿＿＿＿＿

产品的使用场合：＿＿＿＿＿＿＿＿＿＿＿＿＿＿＿＿

产品有什么样的特点：＿＿＿＿＿＿＿＿＿＿＿＿＿＿

＿＿＿＿＿＿＿＿＿＿＿＿＿＿＿＿＿＿＿＿＿＿＿＿

其他信息：＿＿＿＿＿＿＿＿＿＿＿＿＿＿＿＿＿＿＿

4. 项目分析

（1）BJH感冒药细分市场的标准是什么？

＿＿＿＿＿＿＿＿＿＿＿＿＿＿＿＿＿＿＿＿＿＿＿＿

（2）BJH感冒药的细分市场以及选择的目标市场是什么？

＿＿＿＿＿＿＿＿＿＿＿＿＿＿＿＿＿＿＿＿＿＿＿＿

（3）BJH感冒药所选择的市场在需求上有什么共性？

＿＿＿＿＿＿＿＿＿＿＿＿＿＿＿＿＿＿＿＿＿＿＿＿

（4）BJH感冒药针对目标市场是如何设计产品的？有何优势？

＿＿＿＿＿＿＿＿＿＿＿＿＿＿＿＿＿＿＿＿＿＿＿＿

＿＿＿＿＿＿＿＿＿＿＿＿＿＿＿＿＿＿＿＿＿＿＿＿

（5）BJH的市场定位策略是什么？

＿＿＿＿＿＿＿＿＿＿＿＿＿＿＿＿＿＿＿＿＿＿＿＿

任务三　药品生命周期的特点及策略

【任务导入】

HR公司是一家拥有150多年历史的以研发为基础的跨国制药公司。在心血管领域，HR研发的LPT是截止目前为止全球处方量最多的降胆固醇药物和处方量排名第一的处方药。它可以显著降低原发性高胆固醇血症和混合型高脂血症患者的总胆固醇、低密度脂蛋白胆固醇、载脂蛋白B和甘油三酯水平。自1996年上市以来，其卓越疗效和良好的安全性在400多个临床试验和超过1.53亿病人的临床用药经验中得到证实。仅2009年全球年销售总额高达123亿美元，其中美国市场的销售额为112亿美元，世界其他国家的销售额为11亿美元。尽管此药在美国市场的销售额有所下降，但在世界其他国家和地区的销售额均有所增长，从而抵消了其总销售额的下跌。

2011年11月30日，它在全世界最大医药市场的美国主场，专利保护正式到期。这意味着，放开专利保护后，大量竞争者将蜂拥而上，HR一家独霸的局面将彻底成为历史。不过HR也早想好了专利到期后的对策。

美国当地时间12月1日零点，在11月30日LPT专利到期后，由HR授权的LTP首仿药——美国HS制药的版本正式上市。这个首先上市的仿制品种，由于获得了HR授权，甚至并不需要得到主管方FDA的批准——在HS版上将不会贴上LPT的品牌标签，作为回报，HR将从销售收入中获得分成。

由于FDA出于保护科技和市场缓冲的考虑，对于首仿药有180天的排他性销售协议，对HR而言，这个授权版仿制药将成为其后续6个月内的一份不错的收入来源——有分析指出，如果HS版授权仿制药没有立即受到来自LBX仿制药的竞争，该药的价格与HR品牌药相比，只有5%的折扣优惠。

根据HR的年报，2010年LPT全球销售额达107亿美元。但HR也不得不面对180天后的现实——依照惯例，仿制版的LTP价格将为原研药的一半左右，有业内人士称LPT的全球收入将在数个月内锐减20%～30%。

【任务阐述】

试根据药品生命周期的特点分析LPT的定价和营销策略，并给出其在美国专利到期后的营销策略。

【相关知识与技能】

一、产品生命周期的概念

产品生命周期（Product life cycle，PLC）是指产品从试制成功投放市场开始，直到被市场淘汰为止的全过程所经历的时间，即该产品从上市到退出市场的时间间隔。可见，产品生命周期是指一个产品的市场生命周期。一个完整的产品生命周期包括导入期、成长期、成熟期、衰退期四个阶段，见图3-2。

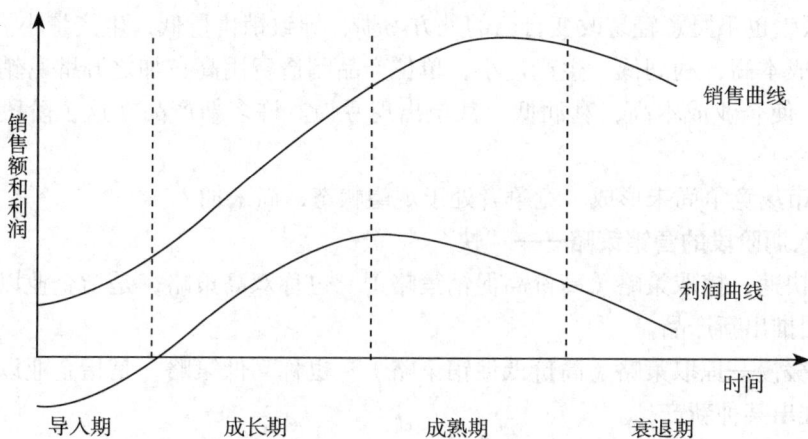

图3-2　产品生命周期曲线图

上图所示是一个产品基本的生命周期曲线及该产品的利润曲线。可以看出在导入期是公司的投入阶段，毫无利润可言，公司亏损。在成长期和成熟期公司才可获得利润，到衰退期利润不断下降。由此可见我们的任务就是要延长成长期，成熟期的时间，延缓或减慢衰退期的到来及下降速度。

药品生命周期是指药品从进入市场开始，直到被市场淘汰所经历的全部时间。对药品生命周期的理解应注意以下几点：

（一）产品的生命周期与产品使用寿命是两个不同的概念

产品的使用寿命是指产品的自然使用时间，是针对产品的实体的消耗磨损和耐用程度而言，产品使用寿命长短的主要是受产品本身自然因素的影响，与产品本身的性质、性能、使用条件、使用频率、使用时间等因素有关，这是具体的、有形的变化，是一种"自然寿命"

（二）产品形式体现标准的产品生命周期

产品种类、产品形式是各不相同的。产品种类的生命周期最长，有些产品种类受人口、经济等因素的影响，其周期的变化无法预测，几乎可以无限期地延续下去，如抗生素类药品、心血管类药品、解热镇痛类药品等；产品形式的生命周期是最典型的，它比产品种类能够更准确地体现标准的产品生命周期的历程，它的发展变化过程有一定的规律可循，如诺氟沙星、感冒通等。

二、药品生命周期不同阶段的营销策略

根据药品生命周期各阶段的不同特点，医药企业应针对性地采取不同的营销策略。

（一）导入期的营销策略

导入期是药品试制成功后投入市场，处于向市场推广介绍阶段，又称产品介绍期。

1. 这个阶段的主要特点

（1）销售量低，生产量小　由于药品刚刚问世，知名度低，市场尚未接受该药品，医生和患者不了解，大多数顾客不愿放弃或改变自己以往的消费行为，有处方权的大部分医生也不愿意轻易改变自己的处方习惯，导致销售量低，生产量小。

（2）成本高，利润低　生产量小，单位产品制造费用高，加之开辟营销渠道及宣传费用大，使企业成本高，利润低，甚至出现亏损。许多新产品在这个阶段夭折，风险较大。

（3）市场竞争尚未形成　竞争者处于观望状态，尚未加入。

2. 导入期阶段的营销策略——"快"

（1）快速—掠取策略（高价高促销策略）　也称双高策略，是指企业以高价格和高促销费用推出新产品。.

（2）缓慢—掠取策略（高价低促销策略）　也称高低策略，是指企业以高价格低促销费用推出某种新产品。

（3）快速—渗透策略（低价高促销策略）　也称低高策略，是指用较低的价格和较高的促销费用推出新产品。

（4）缓慢—渗透策略（低价低促销策略）　也称双低策略，是指企业用低价格低促销费用推出某种新产品。

（二）成长期阶段的特点与营销策略

成长期是指产品已被消费者接受，批量生产，销售迅速扩大的阶段。

1. 成长期阶段的特点

（1）销售量迅速上升　消费者对新药品已经熟悉，销售量迅速增加。

（2）成本下降　产品已定型，技术工艺比较成熟，大批生产能力形成，产量扩大，分摊到单位产品上的制造成本和销售费用降低，成本下降。

（3）利润上升迅速　生产成本下降，促销费用减少，销量上升，结果使企业利润上升很快。

（4）竞争者加入，市场竞争激烈　竞争者看到新产品试销成功，有利可图，大批竞争者相继加入，仿制品出现，市场竞争加剧。

（5）建立了比较理想的营销渠道。

2. 成长期阶段的营销策略——"好"

（1）产品策略　根据消费者需求和其他市场信息，一方面要提高产品质量，完善产品性能，提高产品自身的竞争实力；另一方面改进产品式样及包装等，努力发展产品的新剂型、新型号等，从而增强产品的竞争力和适应性。例如，哈尔滨制药六厂所生产的"新盖中盖"为满足不同消费者的需求，在口服液的基础上增加了片剂。

（2）价格策略　企业应根据生产成本和市场价格的变动趋势，分析竞争者的价格策略，保持原价或适当调整价格，以保持产品的声誉和吸引更多的购买者。如2002年初，沈阳三生医药有限公司大幅降低其拳头产品—促红细胞生成素的价格，此举迎合了政府及大众希望遏制高昂药品价格的呼声，一方面垄断了价格敏感型顾客的市场空间，另一方面也受到政府、媒体的欢迎，是一种非常好的企业形象宣传方式。

（3）渠道策略　企业应巩固原有的营销渠道，积极开辟新的销售渠道，加强销售网点的联系，开拓新的市场领域，促进市场份额的提高。如，史克公司的"泰胃美"从医院处方药销售转变为到药店的非处方药销售，扩大了市场占有率。

（4）促销策略　在继续作好促销宣传工作的基础上，工作的重心应从建立产品知名度转移到树立产品形象上，主要目标是建立顾客的品牌偏好，争取新的顾客。

企业采用上述部分或全部营销策略，在加强企业市场地位和产品竞争能力的同时，也会相应地加大营销成本。这时企业会面临高市场占有率或高利润的选择。一般来讲，企业会采取高市场占有率的策略，扩大生产能力，提高产品质量，降低成本，加强或提高企业的市场地位和竞争能力，有利于维持和扩大企业的市场占有率，从长期利润的观点看，更有利于企业的发展。

（三）成熟期阶段的特点与营销策略

成熟期也称饱和期，是指产品在市场上已经普及，市场容量基本达到饱和，销售量变动较少的阶段。这一时期是产品市场生命周期的鼎盛时期，也是一个由盛到衰的转折时期。

1. 成熟期阶段的特点

（1）销售量趋向平缓　由于产品普及率高，市场需求减少，销售增长速度缓慢，随着市场需求饱和，销售增长率甚至呈下降趋势。

（2）利润逐步下降　由于销售增长率减慢，生产能力过剩，市场竞争更为激烈，价格开始下降，企业的利润也随之减少。

2. 成熟期阶段的营销策略——"长"

成熟期是企业获取利润的黄金阶段，因此，这一阶段的主要任务是集中一切力量，尽可能延长产品的成熟期，为企业带来更多的利益，积累更多的资金。

（1）调整市场策略　为增加消费者的使用量可采用以下途径：一是提高使用频率，使顾客增加使用次数；二是增加每次使用的用量；三是增加新的更广泛的用途，这是延长产品生命周期的有效办法。

（2）改进产品策略　一是提高质量，使本企业的产品更经济耐用、更安全；二是增加特性，使本企业的产品具有其他同类产品所没有的新特性；三是更新款式，增加产品的美感。

（3）调整营销组合策略　一是市场改良，开发新市场，寻求新用户；二是产品改良，产品的品质、特性、式样和服务改良。

（四）衰退期阶段的特点与营销策略

1. 衰退期阶段的特点

衰退期是产品已经老化，逐渐被市场淘汰的阶段。这一阶段的主要特征是：

（1）销售量急剧下降　市场上出现了性能、规格品种改进的新产品替代老产品，顾客的兴趣已经转移，销售量迅速下降。

（2）利润迅速下降　由于销售量下降，生产量减少，而成本上升，致使利润下降。

2. 衰退期阶段的营销策略——"转"

销售衰退的原因很多，包括技术的进步，新产品的替代，消费者用药习惯的改

4. 项目分析

（1）试分析LPT的产品生命周期，并画出图形

（2）试分析LPT在产品生命周期成长期采取的营销策略？ _____

（3）请说明LPT现在处于产品生命周期的哪一个阶段？应该采取什么策略，从而维持该药品的销售额？ _____

（4）根据波斯顿矩阵，LPT这个药品对HR而言属于什么业务？ _____

（5）LPT在美国专利到期后，HR制药应该采取什么公司战略，从而维持其公司高额利润？ _____

项目 四 药品招投标实务

项目目标

【知识目标】

了解招投标发展趋势，熟悉招投标流程，掌握招投标知识和技巧。

【能力目标】

能够根据招投标要求撰写相应的招投标文件。

任务一 编写药品招标文件

【任务导入】

根据《医疗机构药品集中采购工作规范》政府办医疗机构必须参加医疗机构药品集中采购工作。鼓励其他医疗机构参加药品集中采购活动。现请以药品网上集中采购拟订一份招标文件。

【任务阐述】

（1）明确药品招标的形式及使用范围。

（2）分清公开招标与邀请招标的含义和各自适用的范围。

（3）为小组选择一组药品编写一份相应的招标文件。

【相关知识与技能】

根据国务院及相关部委公布的《医疗机构药品集中采购工作规范》和关于《建立和规范政府办基层医疗卫生机构基本药物采购机制的指导意见》的规定，我国医疗机构目前购进药品主要是招投标网上集中采购。

一、药品招标种类范围及形式

（一）药品招标范围

（1）根据药品集中采购相关文件规定，除特殊管理的药品、免费治疗传染病和寄生虫病用药、免疫规划用疫苗、计划生育药品、原料药、中药材和中药饮片，不纳入招标采购，其他药品必须全部纳入集中采购目录。

（2）药品招投标的主体范围包括省级药品集中采购机构、医疗机构、药品生产经营企业等。

（二）药品招标种类和方式

根据《中华人民共和国招标投标法》，招标分为公开招标和邀请招标两种。

1. 公开招标

是指招标人以招标公告的方式邀请不特定的法人或者其他组织投标。

2. 邀请招标

是指招标人以投标邀请书的方式邀请特定的法人或者其他组织投标。按规定应当向三个以上具备承担招标项目的能力、资信良好的特定的法人或者其他组织发出投标邀请书。

在药品招投标实践活动中，邀请招标又衍生出以下几种采购方式：

（1）直接采购　是指医疗机构按照价格部门规定的价格或历史成交价格直接向符合资质的药品生产企业购买药品的采购方式。

（2）单独议价　对独家生产的基本药物，采取与生产企业或批发企业单独议价的方式进行采购。

（3）定点生产　对基层必须但用量较小的特殊用药、急救用药可采取指定生产企业生产的方式采购。

（4）询价采购　是指从符合资质条件的不少于三家供应商中确定供应商，向其发出询价单让其报价，由供应商一次报出不得更改的报价，然后进行比较，并确定最优供应商的一种采购方式。

3. 公开招标与邀请招标的区别

公开招标与邀请招标作为我国招投标的两种形式，在社会实践中，其信息发布方式、招标选择范围，参与竞争范围、招标过程公开程度和招标时间、费用等均存在不同、它们之间的区别详见下表4-1。

表4-1　公开招标和邀请招标的主要区别

主要区别点	公开招标	邀请招标
信息发布方式	公告方式发布	投标邀请书方式发布
招标选择范围	想参与项目的潜在法人或组织	被邀者为已有所了解的法人或组织
参与竞争范围	竞争范围广泛	竞争范围有限
过程公开程度	有活动公开程度高	公开程度相对较低
招标时间费用	程序多、耗时长、费用高	不公告、时间短、费用低

二、药品招标流程

目前，全国所有基层医疗卫生机构药品采购都是采取以省为单位采用网上集中采购方式进行。由于各省市情况的不同，在具体要求上有一定的差异，有的直接采用挂网方式，有的是挂网与招标相结合，而挂网与招标主要区别在于招标不是参与投标就会中标，而挂网只要接受挂网限价就可以挂网，采购单位选择了就相当于中标；招标价格有高有低，而挂网药品原则上只要是同一质量层次的相同规格药品，价格相同。综合各种情况，目前药品招标采购的流程大致如下：

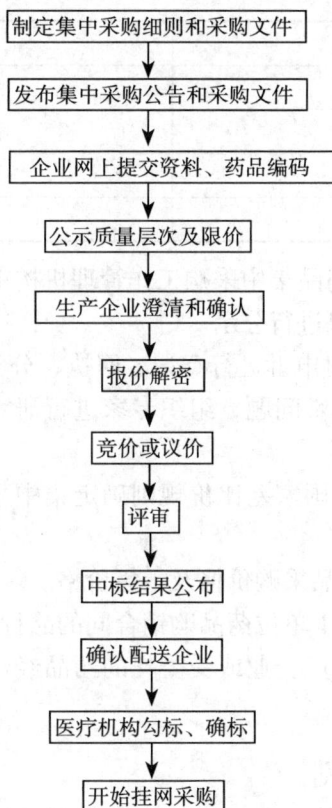

制定集中采购细则和采购文件

↓

发布集中采购公告和采购文件

↓

企业网上提交资料、药品编码

↓

公示质量层次及限价

↓

生产企业澄清和确认

↓

报价解密

↓

竞价或议价

↓

评审

↓

中标结果公布

↓

确认配送企业

↓

医疗机构勾标、确标

↓

开始挂网采购

图4-1　药品招标流程

（1）由药品集中采购机构制定药品集中采购药品目录（范围）、药品评价方法、企业应当提交的资质证明文件、药品配送方法、网上药品采购与使用原则、药品质量要求、采购工作监督等药品集中采购文件。

（2）通过网络或报刊等媒介发布药品集中采购工作机构、地址、采购范围以及获取采购文件的办法、药品集中采购文件的公告。

（3）药品生产企业按照公告要求如实在药品集中采购平台上申报企业和药品的资质证明文件，并提交纸质资质证明材料到达指定地点，在截至时间前，可以补充、修改或者撤回已提交的申报文件，企业同时提供CFDA为所申报药品赋予的编码。

（4）相关部门审核企业提交的材料，通过后提交药品集中采购工作机构，作为实施集中采购的依据。

（5）资质审核完成后，在药品集中采购平台上公示，并接受企业咨询和书面申诉，公示一般不少于3个工作日。

（6）组织药品评价和遴选，确定入围企业及其产品。对药品评价参考按质论价原则，不同类别药品间可以有合理差价。通过对包括药品质量、价格、服务和信誉等若干个评价指标形成综合评价指标体系，最终对指标进行百分制定量加权。确定评分权重应遵循下列原则，见表4-2。

表4-2　评分权重确定原则

实际权重名称	权重占总分比例
质量要素	一般不低于总分的50%
价格要素	不应当低于总分的30%
服务和信誉要素	应当不超过总分的20%
主观分	不超过总分的25%

（7）将集中采购结果报药品集中采购工作管理机构审核。

（8）对药品集中采购结果进行公示。

（9）受理企业申诉，并对申诉进行登记、回执、分类汇总，提请相关部门处理，对伸缩合理的及时采信，对疑难问题，组织专家进行研究处理，并对处理及研究结果及时回复。

（10）价格主管部门按照国家差比价规则确定集中采购药品价格，确定药品零售价格并向社会公示。

（11）公布入围品种、药品采购价格及零售价格。

（12）医疗机构确认纳入本单位药品购销合同的品种及采购数量。

（13）医疗机构与药品生产企业或受委托的药品经营企业签订药品购销合同并开展采购活动。

三、药品招标文件编制

编制招标文件是招标采购活动中一项具有法律约束力的重要基础性工作。《中华人民共和国招标投标法》第十九条规定："招标人应当根据招标项目的特点和需要编制招标文件。招标文件应当包括招标项目的技术要求、对投标人资格审查的标准、投标报价要求和评标标准等所有实质性要求和条件以及拟签订合同的主要条款。国家对招标项目的技术、标准有规定的，招标人应当按照其规定在招标文件中提出相应要求。"

《建立和规范政府办基层医疗卫生机构基本药物采购机制的指导意见》规定"鼓励各地采用'双信封'的招标制度，即在编制标书时分别编制经济技术标书和商务标书，企业同时投两份标书。经济技术标书主要考察生产企业规模、配送能力、销售额、行列排名、市场信誉，以及GMP（GSP）资质认证、药品质量抽验抽查历史情况、电子监管能力等指标进行评审，从而保证药品质量；商务标书评审由价格最低者中标。"

各地在药品挂网集中采购过程中虽然有一定差异，但基本精神是与上述要求一致的。

一般来说，招标书主要包括以下几方面内容：

1. 标题

一般由招标单位、招标内容和文种组成，但也可以省略其中某部分内容。

2. 正文

正文一般包括：

（1）前言　主要是关于此次招标的依据及目的、招标项目及范围等。

（2）招标项目　是招标的核心内容。要求表明此次招标项目的技术要求、对投标人资格审查的标准、投标报价要求和评标标准所有实质性要求和条件等，以及拟签订合同的主要条款。

招标书的详略程度及简繁程度一般与招标项目及合同的大小以及性质相关。但都必须有详实的资料，让招标人能提交符合招标要求并可以公正、公平、客观进行比较的投标。

（3）招标程序　主要是关于招标单位联系人、地址、此次招标方式、招投标起止时间、开标时间及地点等内容。

（4）结尾　主要招标单位名称、地址、联系电话及联系人等。

知识链接

❦ 药品招投标的发展及趋势 ❧

我国药品采购经历计划经济到逐渐趋向于市场化的一个过程，在此过程中，医药市场曾经行贿受贿盛行，购销过程秩序混乱，因此，部分地方开始试点药品采购招投标方式，并逐渐发展到各地。

目前我国药品集中采购是从药品招投标发展而来，我国药品招投标采购从1998年起各地纷纷进行招投标试点，进行了一些有益探索，也暴露了不少问题；2000年《中华人民共和国招标投标法》施行，国务院决定全面推行医疗卫生流通体制改革，先后出台了用以指导各地药品的集中招标采购相应政策法规，当时主要以公开招标的形式为主，然而，由于诸多原因导致市场参与各方均不满意，其中药品生产经营企业是强烈不满；随后参与的省份也越来越多，探索出了二十多种药品招投标采购模式，政府进一步出台一些文件规范集中采购，各地陆续将集中采购组织单位提高到省级层面，并出现了多种采购模式，政府也越来越多地进行药品价格管理，公立医院使用的药品80%以上都纳入集中采购；2009年国务院进一步明确规定"全面实行政府主导、以省（自治区、直辖市）为单位的网上药品集中采购工作"，从而确定以省为单位药品集中采购的政策；2010年7月国务院等部委发布《医疗机构药品集中采购工作规范》，对集中采购的相关内容作出了规定；同年11月国务院发布了《建立和规范政府办基层医疗卫生机构基本药物采购机制的指导意见》，对采购机制作出了相应规定，并提出鼓励各地探索省际联合采购等多种方式，所以，我国药品集中采购工作还将不断地进行探索、总结、前进。

【任务实施】

1. 请同学们进行分组，要求每组3~4人，选派组长并根据【任务导入】情境，选择一组药品作为本项目实施的依据。

（1）小组组建

组长：_____，任务分工：_____

组员：_____，任务分工：_____

_____，任务分工：_____

_____，任务分工：_____

（2）小组项目产品选择

本小组选择的项目产品为：_____

（3）项目产品的背景了解与产品认识

请通过互联网、图书馆或其他手段，了解有关项目产品的基本信息。

你们的产品是：_____

产品的功能是：_____

产品的使用场合：_____

产品有什么样的特点：_____

_____

其他信息：_____

2. 根据【任务导入】提供的情境及小组选择的产品，通过小组讨论，明确下述内容。

第一步：确定招标方式

_____

第二步：说明原因

_____

第三步：编写具体的招标文件

_____

小组活动编写招标文件计划表

序号	分工任务内容	参与人员	负责人	备注

注：可以根据本小组具体内容进行设计此表

【评分标准】

招标文件制定的小组评分标准

评分项目	项目满分	实际得分	备注
招标药品选择合理			
招标方法选择合理			
招标方法使用合理			
招标原因分析合理			
其他			
合计			

小组成员分工表

组员姓名	应承担的任务	任务完成情况	实际得分
*组长			
组员1			
组员2			
组员3			

注：小组成员最终得分参考上表小组成员分工表进行评分。

任务二　撰写药品集中采购投标文件

【任务导入】

某药业股份有限公司，主要生产片剂、胶囊剂、水针剂、粉针剂、大输液、冻干剂、酊水剂等。现公司有几十个品规进入药品集中采购目录，现请以相关品规作为项目实施任务，拟订一份投标文件。

【任务阐述】

（1）明确投标文件的编写格式。

（2）熟知投标报价策略及技巧。

（3）为小组选择相关药品编写一份相应的投标文件。

【相关知识与技能】

投标是指在招标过程中，投标人根据招标人提出的要求和条件等，制作投标书争取中标的活动。投标书是投标人在认真阅读招标文件后，经认真考察研究后，根据招标人要求而编写并向招标人递交的书面文件。

投标书一般是与招标书相对应的，投标文件应当对招标文件提出的实质性要求和条件作出相应。

一、投标文件的编写

投标文件也就是我们日常说的投标书，相对于招标书来说，投标书的编写相应简单得多，根据《建立和规范政府办基层医疗卫生机构基本药物机制的指导意见》规定，基本药物采购遵循质量优先、价格合理的原则。鼓励各地采用"双信封"的招标制度，也就是投标人在编制标书时分别编制经济技术标书和商务标书，投标时同时投两份标书。

（一）经济技术标书内容

1. 标题

一般包括项目名称和文种，如《XX药品投标书》，也可以不写项目名称直接注明《投标书》。

2. 正文

这部分内容主要如实介绍或反映投标人的实际优势。通过相关的一些资质材料证明投标人能够完全满足招标人对产品的数量、规格、质量等有保证。一般资质证明文件是：

（1）企业资料册　主要有声明及授权委托书、《企业法人营业执照》、组织机构代码证、《药品生产许可证》、《GMP认证证书》、《药品经营许可证》、上一年度单一企业增值税纳税报表、药品供应承诺书等。

（2）产品资料册　包括药品注册证、药品生产批件、药品质量标准、药品检验报告书、药品说明书、产品电子监管证明以及产品物价文件等。

（3）配送资料册　主要有声明及授权委托书、《企业法人营业执照》、组织机构代码证、药品经营许可证、《GSP认证证书》、加入电子监管网的证明材料、药品配送承诺书、企业上一年度纳税报表等。

3. 落款

主要包括投标人的名称、地址、联系电话、联系人等。

（二）商务标书内容

（1）法人代表身份证明。

（2）法人授权委托书。

（3）投标函。

（4）投标函附录。

（5）标价一览表。

二、报价策略

报价对于企业来说是非常重要的工作，报价太高，不能中标就会丧失该地区一个招标周期的药品销售，报价太低，企业没有利润甚至亏本，因此，合理的报价是很讲究策略的。

报价时一般可以考虑以下一些因素：

（1）竞争者：应该充分了解招标时竞争者的数量，其产品在所招标地区销售情况（如市场占有率、销售价格、采取的营销手段等）。

（2）中标价：上年或最近年份的中标价以及周边省份的中标价，具有很好的参考意义。原则上不得高于上一年的招标同品种中标价格。

（3）其他合理费用：网上集中采购招标价都包含了配送费用等、报价时应充分考虑这些合理的费用支出。

（4）差比价规则：符合《药品差比价规则》的，一定按照《药品差比价规则》要求认真计算价格后，确定合适的投标价。

（5）药品类别：有的省份将基本药物分为《基本药物常用品规》、《基本药物低廉品规》、《基本药物备选品规》等类别，可以参照其相应的入市价制定原则，制定合适投标价。

（6）药品质量层次：了解清楚企业的药品质量层次、根据相应的质量层次确定投标价。

【任务实施】

1. 请同学们进行分组，要求每组3～4人，选派组长并根据【任务导入】情境，选择相应药品作为本项目实施的依据。

（1）小组组建

组长：_____，任务分工：_____

组员：_____，任务分工：_____

_____，任务分工：_____

_____, 任务分工: _____

（2）小组项目产品选择

本小组选择的项目产品为: _____

（3）项目产品的背景了解与产品认识

请通过互联网、图书馆或其他手段，了解有关项目产品的基本信息。

你们的产品是: _____

产品的功能是: _____

产品的使用场合: _____

产品有什么样的特点: _____

_____

其他信息: _____

2. 根据【任务导入】提供的情境及小组选择的产品，通过小组讨论，明确下述内容。

第一步: 确定投标报价策略

_____

第二步: 说明原因

_____

第三步: 编写具体的投标文件

_____

小组活动编写招标文件计划表

序号	分工任务内容	参与人员	负责人	备注

注: 可以根据本小组具体内容进行设计此表

【评分标准】

投标文件制定的小组评分标准

评分项目	项目满分	实际得分	备注
投标标书格式合理			
投标标书内容合理			
投标报价策略合理			
报价策略分析合理			
其他			
合计			

小组成员分工表

组员姓名	应承担的任务	任务完成情况	实际得分
*组长			
组员1			
组员2			
组员3			

注：小组成员最终得分参考上表小组成员分工表进行评分。

任务三 药品招标合同签署与履约

【任务导入】

当我们通过参与药品招投标最终中标后，就要与采购人签署合同，目前药品网上集中采购一般都是由政府有关部门组成的采购中心与中标人签署，实质就是代表政府与中标者签署合同，因此，就涉及政府采购合同的内容。

【任务阐述】

（1）熟知政府采购合同内容。

（2）合同格式正文（样例）。

（3）合同履约。

【相关知识与技能】

一、政府采购合同内容

政府采购合同是采购人与供应商之间依照一定的法定程序，遵循平等自愿、协商一致的原则，就各自的权利与义务所达成的协议的法律文本。

政府采购合同的种类一般包括采购合同、承包合同和服务合同三类。

政府采购合同的内容主要由当事人确定，一般包括以下条款：双方当事人名称或姓名和住所，标的，数量，质量，价款或报酬，履行期限、地点和方式，违约责任，解决争议的方法，特殊条款等。

二、合同格式正文（样例）

政府采购合同

供方：＿＿＿＿＿＿＿＿＿＿＿＿＿＿＿＿＿＿＿＿＿＿

需方：＿＿＿＿＿＿＿＿＿＿＿＿＿＿＿＿＿＿＿＿＿＿

供、需双方根据＿＿＿＿＿年＿＿＿月＿＿＿日＿＿＿＿采购项目招投标结果和招投标文件的要求，并经双方协调一致，订立本采购合同。

合同文件：招标文件、投标文件的所有内容是构成本合同不可分割的部分。

合同金额：＿＿＿＿＿＿＿＿＿＿＿（以上价款以人民币进行结算）

《采购货物清单》

序号	产品品名	品牌	产地	数量	投标单价（元）	投标总价（元）

最终数量按实结算，结算按以上单价。

产品质量要求及供方对质量负责条件和期限：

供方提供的产品必须符合招标要求的规格型号和技术指标。供方对产品非因需方的人为原因而出现质量问题的，由供方负责包换或者包退，并承担调换或退货的实际费用。供方不能调换，按不能交货处理。

交货时间：_____

交货地点：_____

付款方式：

全部货到验收合格后一个月内支付清全部货款。货款凭发票、合同、政府采购资金结算单支付。

违约责任：

1. 需方（使用单位）无正当理由拒收产品，拒付货款的，需方向供方偿付产品款总值的百分之三十违约金。

2. 需方逾期支付货款的，需方向供方每日偿付欠款总额千分之（二~五）的违约金。

3. 供方所交付的品种、规格、数量、质量不符合合同规定标准的，需方有权拒绝。供方向需方偿付货款总额的百分之三十的违约金。

4. 供方逾期交货的，供方向需方每日偿付货款总额千分之（二~五）的违约金。

5. 供方逾期三十日不能交货的，视为不能履约，则供方向需方支付货款总额百分之三十的违约金。

因产品的质量问题发生争议，由_____政府有关部门或其指定的技术单位进行质量鉴定，该鉴定结论是终局的，供需双方应当接受。

本合同发生争议产生的诉讼，可向_____人民法院提起诉讼或向_____仲裁委员会仲裁。

本合同一式六份，供需双方各执二份，_____采招办和_____政府采购中心各执一份，均具同等效力。

本合同加盖_____政府采购和招投标监督管理办公室备案专用章印章后方为有效。

本合同未尽事宜，双方可以增加条款或补充协议的形式加以补充，但增加或补充协议的条款不得对招标文件作实质性修改。补充协议与本合同具有相同的法律效力。

供方（盖章）：_____	需方（盖章）：_____
地址：_____	地址：_____
法人代表（签字）：_____	法人代表（签字）：_____
委托代理人（签字）：_____	委托代理人（签字）：_____
电话：_____	电话：_____
开户名称：_____	开户名称：_____
开户银行：_____	开户银行：_____

帐号：_____   帐号：_____

邮编：_____   邮编：_____

_____年___月_____日   _____年___月_____日

签约地点：_____   签约地点：_____

三、合同履约

合同履约是合同双方当事人正确、适当、全面地完成合同中订立的各项义务的行为。

此过程是整个采购活动的关键阶段，履约情况的好坏，决定采购全过程的成败。

合同如期履约，则按照合同约定履行相应的权利和义务。一旦合同不能履约，则根据合同约定进行协商处理或者进行诉讼解决争议。

【任务实施】

1. 请同学们进行分组，要求每组3～4人，选派组长并根据【任务导入】情境，选择相应药品作为本项目实施的依据。

（1）小组组建

组长：_____，任务分工：_____

组员：_____，任务分工：_____

_____，任务分工：_____

_____，任务分工：_____

（2）小组项目产品选择

本小组选择的项目产品为：_____

（3）项目产品的背景了解与产品认识

请通过互联网、图书馆或其他手段，了解有关项目产品的基本信息。

你们的产品是：_____

产品的功能是：_____

产品的使用场合：_____

产品有什么样的特点：_____

_____

其他信息：_____

2. 根据【任务导入】提供的情境及小组选择的产品，通过小组讨论，明确下述内容。

第一步：确定合同履约及进行履约评价

_____

第二步：说明原因

_____

第三步：编写具体的采购合同

_____

小组活动编写招标文件计划表

序号	分工任务内容	参与人员	负责人	备注

注：可以根据本小组具体内容进行设计此表

【评分标准】

投标文件制定的小组评分标准

评分项目	项目满分	实际得分	备注
采购合同格式恰当			
采购合同内容恰当			
履约评价分析恰当			
其他			
合计			

小组成员分工表

组员姓名	应承担的任务	任务完成情况	实际得分
*组长			
组员1			
组员2			
组员3			

注：小组成员最终得分参考上表小组成员分工表进行评分。

项目 五 药品品牌与包装管理实务

项目目标

【知识目标】

了解药品包装的定义及作用；熟悉药品品牌归属地策略、品牌重新定位策略；掌握药品品牌设计的要素、药品品牌名称的设计、药品品牌标志的设计、药品品牌化策略、品牌名称策略、药品包装的使用策略。

【能力目标】

能进行实际药品品牌的设计和策划；能根据药品的包装定位和包装策略的基本原理，选择包装策略。

任务一 药品品牌设计

【任务导入】

某医药企业新研制出一种治疗胃溃疡的药物，并决定将其作为公司的主打产品推向市场。如果你是该公司的品牌经理，你将如何设计这种药物的品牌名称和标志？

【任务阐述】

首先遵守药品品牌名称和标志设计的原则，然后根据品牌设计思路与方法的要求，再结合产品特点进行创意设计。

【相关知识与技能】

一、药品品牌设计的要素

（一）药品品牌设计要素的构成

品牌是一种名称、术语、标记、符号或设计，或是它们的组合应用，其目的是籍以辨认某个销售者或某群销售者的产品或服务，并使之同竞争对手的产品或服务区别开来。品牌要素是用于标记和区分品牌的一系列设计。好的品牌设计要素能增强消费者对品牌的认知，对品牌实施效果产生重大的影响。通常，品牌设计的要素包括名称、标志、广告语、广告曲、形象代表和包装等。品牌设计抓住上述基本要素，是品牌能否拥有持久生长力的关键所在。

1. 品牌名称

品牌名称是品牌中能够读出声音的部分，是品牌的核心要素，反映了产品的中心内容。有一个好的品牌名，传播率就会高，这是形成品牌概念的基础，是品牌成功的关键。

2. 品牌标志

品牌标志是品牌中可以被识别，但又不能用语言称呼的部分。标志体现了企业和产品的内在气质和特性，是企业及产品对外传播最直观的视觉元素。视觉形象识别系统也是由标志延伸而来的。

3. 广告语

广告语是用来传递有关品牌的描述性或说服性信息的短语，是品牌宣传的重要手段。广告语是为品牌销售服务的，因此在设计广告语时要注意价值实用、语言优美、意境深远才能打动消费者。

4. 广告曲

广告曲是用独特的音乐形式描述品牌的一种方式。广告曲可唤起人们的注意，很容易掀起人们的感情波澜，传颂人口，加强广告信息的记忆。

5. 包装

包装涉及产品容器或包装材料的外观设计，融汇了品牌的品位和文化的感性信息。消费者对于品牌的认知大多是从观察包装外表开始的。

6. 形象代表

品牌形象代表有许多不同的形式，可以是某种动画人物，也可以是现实生活的人物，还可以是某种动物。健康生动的形象能吸引消费者的注意，使消费者产生丰富的想象，同时加深对品牌的认知。

（二）药品品牌设计要素的标准

在药品品牌要素设计时需要遵循可记忆性、含义丰富性、可转移性、适应性和保护性五个标准。

1. 可记忆性

具有可记忆性的品牌，能使消费者容易识别和记忆。这是建立品牌资产的必要条件之一。品牌要素越独特，消费者就越容易记住和识别这个品牌，品牌的可记忆性就越好。

2. 含义丰富性

含义丰富性的品牌是应该有趣的，能描述产品的个性和特色，使消费者产生丰富的联想，而这种联想对消费者更好的理解和认知品牌有积极的作用。

3. 可转移性

在经济全球化的大背景下，品牌设计要素应具有能向不同产品种类延伸，向其他市场转移的特性。只有这样，才有可能发展为中国的乃至是世界的品牌。

4. 可适应性

品牌设计要素的组合要灵活、可更新，即能及时调整或修改以适应时代和社会的变化。

5. 可保护性

可保护性是指品牌能取得法律的保护，而且在竞争中还能防止被抄袭和模仿等。

二、药品品牌名称的设计

（一）药品品牌名称设计的原则

1. 合法性原则

是指品牌名称应有资格注册并在法律上受到保护。品牌命名必须符合国家或当地的法律法规，避免出现侵权行为。名称的合法性是品牌命名的前提。

2. 新颖性、独特性原则

独特性是指品牌名称应避免与其他品牌雷同、相混，即要求名称具有鲜明的个性。新颖性则要求品牌名称顺应社会发展和时代潮流，保持新鲜感。具有新颖、独特性的品牌名称能增强产品的吸引力，相当于给企业和产品作了一个很好的广告，能给企业带来商机。

3. 简单、易读、易记原则

任何一个品牌，只有消费者很快地熟悉其名称，才能进一步产生联想和购买欲望。因此品牌名称应能被消费者很快地识别和掌握。名称简洁，易于和消费者进行信息交流，易于形成具有冲击力的印象。而且名字越短，越有可能引起顾客的遐想，涵义也更为丰富。例如，鹰牌洋参丸，以鹰的勇猛、矫健，暗示着健康和强身的保健作用。这个品牌创立时间不长，但很快就提高了知名度。品牌名称不但要求文字简短，而且发音要顺畅，读起来琅琅上口，才容易记忆和传播，如三九、吗丁啉、盖中盖等。此外，一个易于传播的品牌名称，还应有气魄，附有浓厚的感情色彩，给人以震撼。

4. 正面联想原则

品牌名称要富有寓意，能启发愉快的联想，才能引起消费者的兴趣，进而使其产生对企业或产品的认知和偏好，如脑白金。

5. 暗示产品属性原则

品牌商品名称还应该暗示产品的某种性能或用途，如"脱苦海"膏药是日本一种用于医治伤痛病的膏药名称，突出了治病解脱痛苦的效能特征。又如，"草珊瑚含片"，它暗示该产品清凉、能润喉的用途。消费者根据品牌商品名称显露出的产品特征，就有可能产生购买欲望。

6. 尊重文化价值观原则

由于不同国家和民族存在不同的文化和宗教信仰，于是构成了差异性的生活方式、消费习惯，这就使得不同消费者对同一品牌的看法会有所不同。在这一个国家是非常美好的意思，可是到了另一个国家其含义可能会完全相反。如，上海某厂家生产出对蚊虫叮咬有一定疗效的产品，取名为"必舒膏"，其用意在于，暗示消费者被蚊虫叮咬后，涂抹了这种产品，必定舒适。但是，该产品到香港销量却并不好。原因是不少香港市民爱好打麻将，他们想赢不想输。而"必舒"的谐音是"必输"，很不吉利。因此，企业在为产品命名时，要适应不同国家和地区的文化差异，使自己的产品不仅成为某一地区的名牌，甚至成为世界名牌。

（二）药品品牌名称设计的程序

1. 成立品牌命名工作小组

进行品牌名称设计的首要问题是确定将由谁来命名。通常，选择语言学、美学、心理学、市场营销学和社会学等方面的专家组建品牌命名工作小组。

2. 前期调查

确定命名工作小组成员后，应调查和分析国内外市场的现状、发展趋势、企业的战略思路、产品的功效、消费者的用后感受以及竞争者的命名等情况，以便于确定品牌命名的目标。

3. 提出备选方案

确立目标之后，是名称大爆发的阶段。根据命名的原则，发动头脑风暴，首先寻找一些关键的词根，这些词根是命名的大致方向。再由词根联想到词语，由一个词语，衍生出多个新的词语。

4. 评价选择

将得到的备选名称，用品牌命名原则的标准来进行评价选择。同时，还应考虑品牌未来的发展，避免名称涵义狭窄的定位。

5. 测验分析

命名工作小组对品牌名称评价选择后，还应采用问卷调查、网络聊天、电话访谈等形式对消费者的测试，掌握消费者对品牌名称的反映情况。

6. 调整决策

测验分析的结果不一定被消费者认同，这时，命名小组应及时调整策略，不管多么偏爱之前的名称，都应考虑重新命名。

7. 确定名称

与客户一起，从最后的几个名称中确定最终的命名。

知识链接

头脑风暴

当一群人围绕一个特定的兴趣领域产生新观点的时候，这种情境就叫做头脑风暴。由于会议使用了没有拘束的规则，人们就能够更自由地思考，进入思想的新区域，从而产生很多的新观点和问题解决方法。当参加者有了新观点和想法时，他们就大声说出来，然后在他人提出的观点之上建立新观点。所有的观点被记录下但不进行点评。只有头脑风暴会议结束的时候，才对这些观点和想法进行评估。头脑风暴的特点是让参会者敞开思想，使各种设想在相互碰撞中激起脑海的创造性风暴，其可分为直接头脑风暴和质疑头脑风暴法，前者是在专家群体决策基础上尽可能激发创造性，产生尽可能多的设想的方法，后者则是对前者提出的设想，方案逐一质疑，发现其现实可行性的方法，这是一种集体开发创造性思维的方法。

课堂互动

　　世界知名制药公司——辉瑞公司在耗费巨资研究出一种克服性功能障碍的新药时，面临给此药如何起一个恰当名称的问题。该药的名称既不让人难为情，又乐意接受，还能体现其功能，并成功推出市场。这令辉瑞公司大为烦恼，后有人提议面向社会征集，通过众多社会团体、命名策划公司向辉瑞公司提供大量名称，经科学论证、心理分析，选出伟哥等几十个名称进行民意调查，最终确定选用伟哥（Viagra）之名。因为"Vi"代表着生命力和活力，"Agra"代表控制和掌握，它完全避免了勃起功能障碍所代表的种种含义，同时体现男子气的特点。

　　讨论：辉瑞公司在为伟哥命名时，大致经历了哪些步骤？

（三）药品品牌名称设计的策略与方法

1. 地域法

　　即是以产品的产地命名。如，石药集团，将石家庄这个地名作为企业产品的品牌，可以使消费者产生对这一地域的认同感和信任感，从而激发购买欲望。再如，"宁夏红"，是以宁夏枸杞为原料酿制的一种滋补酒，这个品牌就是以突出产地来证实酒的正宗。

2. 目标法

　　就是将品牌与目标客户联系起来，如，"太太口服液"是一种专为已婚妇女设计的补血口服液，这个品牌名称不用过多的语言描述，一听就知道它所针对的消费者是哪些。运用目标法来命名品牌，对于获得消费者认同具有良好的作用。

3. 人名法

　　借助名人来影响产品，一般有创业者、设计者、历史名人或者纪念意义的人物姓名等。借助人名含有的价值，使消费者产生对产品的偏好。如，"陈李济"牌，是用产品的创始人李升佐和陈体全的名字来命名的。又如，卡介苗是一种减毒的活性牛型结核杆菌疫苗，于1921年由法国的卡医生（Calmette）及介医生（Guerin）研制成功。为了纪念这两位医生，人们将其命名为卡介苗。

4. 中外法

　　即在命名品牌时采用中文、字母或两者结合的方式。进口药常根据拉丁文名、英文名等音译或意译成中文，如阿司匹林、胃得乐、扑尔敏等。

5. 数字法

　　通过人们对数字的联想效应，体现品牌的特色。如"三九药业"的品牌含义就是："999"健康长久、事业恒久、友谊永久，增强了消费者对品牌差异化识别效果。

6. 功效法

　　以药物功效来给品牌命名，可以使消费者看到品牌名称，就联想起产品的功能与效果，产生信任感。如"脑轻松"就是一种"健脑益智"的营养口服液的品牌。诸如此类还有胃舒平、降压灵，中药跌打丸、活络丹、安神补心丸等等。

7. 价值法

　　即是把企业的价值理念凝练为品牌名称，运用价值法为品牌命名，对消费者迅速感受企业价值观具有重要的意义。如，北京"同仁堂"、四川"德仁堂"品牌，突出了"同修仁德，济世养生"的药商追求。

8. 形象法

即是以具有象征意义的植物、动物和某种自然现象来为产品命名。如虎牌万精油、乌鸡白凤丸、葵花牌胃康灵等，使消费者把产品形象化，并通过积极联想给产品附加一些与动、植物有关的属性，以此吸引消费者。

9. 企业名称法

即是采取企业名称同药品品牌名称一致的品牌命名方法。如三精制药、太极集团等。企业名称法的优点在于在宣传公司形象的同时，树立品牌。

三、药品品牌标志的设计

（一）药品品牌标志设计的原则

1. 简洁鲜明

在众多的品牌中，人们通常不会特意去记忆某一个品牌，只有那些简单的标志才会给人以深刻印象。如苹果（Apple）牌电脑的标志是一个"被咬了一口的苹果"，这个标志设计非常简单，却深深地留在了人们的脑海中。

2. 新颖独特

品牌标志应醒目、具有个性，要能体现企业产品的特色。让人看完之后既赏心悦目，又能识别出其独特的品质和经营理念，从而留下对这个产品的美好印象。

3. 准确表达品牌特征

品牌标志是为品牌服务的，所以品牌标志的寓意要准确，要与产品的特征相符。药品行业的特征是健康、安全等，品牌标志要很好地体现这些特征，才能给人以正确的联想。

4. 设计有美感

标志设计要优美流畅、富有感染力，保持视觉平衡，使造型具有动静结合之美。

5. 相对稳定原则

一个品牌标志要为消费者熟知和信任，通常需要长期使用并对其长期宣传。如果经常更换标志，会给消费者反复无常的感觉，易使人产生怀疑感，也造成传播费用的浪费。因此，标志的设计要遵循相对稳定原则，尽量采用不受时间和形势变化的语言和图案来表示。

（二）药品品牌标志设计的方法

品牌标志通常包括文字型、图案型和图文结合型三种类型。

1. 文字型标志设计

文字型标志在设计时，通常直接运用一些文字符号作为标志的组成元素。一个好的文字型标志应该包括清晰易读的词语，鲜明独特的字体设计。设计时应把握独特、贴切以及体现产品个性的要点。如中美天津史克公司的品牌标志（图5-1）。

2. 图案型标志设计

图案型标志是以图形作为标志设计的元素，通常采用象征寓意的手法表现。这些图案可以是人物、动植物、名胜、天文等等。例如 "太阳神"牌保健品以简练、强烈的圆形（象征太阳）与三角形（"人"字形）组合而成，寓意公司健康向上、以人为本的经营理念（图5-2）。

3. 图文结合型标志设计

图文结合型标志设计是一种综合了文字和图形的标志创意设计方法。这种方法集合了文字与图形的优势，表达的信息更为丰富，带来的识别性更强烈。也是被运用得最普遍的品牌标志设计方法。如天津天士力制药股份有限公司的标志（图5-3）。

图 5-1　康泰克品牌设计图　　　图5-2　太阳神品牌设计图　　　图 5-3　天士力品牌设计图

【任务实施】

1. 成立品牌设计工作小组，要求每组3～4人，选派组长。

　　组长：＿＿＿＿＿＿，任务分工：＿＿＿＿＿＿＿＿＿＿＿＿＿＿＿

　　组员：＿＿＿＿＿＿，任务分工：＿＿＿＿＿＿＿＿＿＿＿＿＿＿＿

　　　　　＿＿＿＿＿＿，任务分工：＿＿＿＿＿＿＿＿＿＿＿＿＿＿＿

　　　　　＿＿＿＿＿＿，任务分工：＿＿＿＿＿＿＿＿＿＿＿＿＿＿＿

　　　　　＿＿＿＿＿＿，任务分工：＿＿＿＿＿＿＿＿＿＿＿＿＿＿＿

2. 前期调查

　　明确企业的战略思路；调查治疗胃溃疡药物的国内外市场现状、发展趋势、消费者的用后感受以及竞争者的品牌设计等情况。

　　治疗胃溃疡药物的国内外市场现状：＿＿＿＿＿＿＿＿＿＿＿＿＿＿＿

　　发展趋势：＿＿＿＿＿＿＿＿＿＿＿＿＿＿＿＿＿＿＿＿＿＿＿＿＿＿＿

　　消费者的用后感受：＿＿＿＿＿＿＿＿＿＿＿＿＿＿＿＿＿＿＿＿＿＿＿

　　竞争者的品牌设计情况：＿＿＿＿＿＿＿＿＿＿＿＿＿＿＿＿＿＿＿＿＿

3. 提出备选方案

　　运用头脑风暴法，收集大量的候选品牌名称和标志的设想。

　　已收集的药品品牌和标志有：＿＿＿＿＿＿＿＿＿＿＿＿＿＿＿＿＿

4. 评价选择

小组成员对候选的品牌名称和标志进行初评，必要时咨询相关专家。

列举候选品牌名称和标志的优缺点：

品牌1：_____

优点：_____

缺点：_____

品牌2：_____

优点：_____

缺点：_____

品牌3：_____

优点：_____

缺点：_____

5. 测验分析

对选择的方案进行消费者调查，了解消费者对品牌设计的反映。

列举三个消费者对品牌设计的反映：

消费者1：_____

消费者2：_____

消费者3：_____

6. 调整决策

根据测验分析的结果，考虑是否要对原方案进行调整。

7. 确定品牌名称和标志

确定下来的品牌名称：_____

_____品牌标志：_____

【评分标准】

1. 药品品牌名称和标志设计的小组评分标准，见下表：

评分项目	评分备注	项目满分	实际得分
团队组建	能按要求组建团队	10	
品牌名称的设计	能根据品牌名称设计的原则和方法设计出目标产品的名称	35	
品牌标志的设计	能根据品牌标志设计的原则和方法设计出目标产品的标志	35	
设计方案汇报	形象大方、汇报形式新颖、表达清楚准确	20	
合计		100	

2. 药品品牌名称和标志设计的个人评分标准：小组成员最终得分参考小组成员分工情况进行评分。

任务二　药品品牌策略

【任务导入】

消化性溃疡是比较顽固的疾病之一，复发率很高。近年来，随着患者不断增加，胃溃疡药物的研发越来越受到医药行业的重视，现在某制药企业研发了一种治疗胃溃疡的药物，请你试进行品牌决策演练。

【任务阐述】

品牌决策是企业拟订营销战略时不容忽视的重要问题。进行品牌决策的前提是要了解品牌策略的含义和种类，在此基础上按照一定的顺序来确定选用哪种品牌策略。

【相关知识与技能】

一、概述

药品品牌策略是企业产品策略的重要组成部分，是指企业合理、有效地运用品牌，以促进药品销售的一系列方法。药品企业在营销过程中，应根据市场的具体情况，结合企业产品自身的特点，制定相应的品牌策略。品牌策略通常包括以下几种：品牌化策略、品牌归属策略、品牌名称策略、品牌重新定位策略等。

二、品牌化策略

品牌化策略，就是指企业是否要给产品加上品牌名称，这是在进行品牌决策时要解决的首要问题。一般认为，品牌化策略包括有品牌策略和无品牌策略两个方面。

随着市场经济的高度发展，品牌化几乎覆盖了所有商品。使用品牌对企业有如下好处：有助于顾客识别本企业的产品；商标被注册后，能有效地保护产品被竞争者模仿，甚至抄袭；有助于市场细分和定位；有助于企业进行订单处理和对产品的跟踪；有助于树立企业和产品的形象。

虽然使用品牌会给企业带来相当大的好处，但建立品牌要付出巨大成本，如设计费，制作费，包装费，注册费等等。如果该品牌的产品不为市场所接受，企业还要承担着相当的风险。所以并不是所有的产品都必须使用品牌。它们主要是一些简易包装的低价产品，例如：①部分未经加工的原料产品，如中药材等；②不因生产者的不同而形成特色差异的产品；③制作工艺比较简单、选择性不大的小商品；④临时性或一次性生产的商品，如一次性注射器等。不使用品牌的产品由于节省了设计、包装、广告等费用，其价格往往较低，如不使用品牌的阿司匹林价格一般降低30%左右，可对那些售价较高的品牌产品造成一定威胁。

因此，某种产品是否使用品牌，应综合考虑企业的经营状况、产品的特性以及消费者的购买习惯等因素后决定。

三、品牌归属策略

企业决定对产品使用品牌后，面临品牌归谁所有，由谁管理，由谁负责的问题，即品牌归属问题。在产品品牌归属上，制造商通常有下面几种选择：制造商品牌，经销商品牌，或者以上两种品牌同时存在。

（一）制造商品牌

制造商品牌即制药企业决定使用自己的品牌。当制造商的品牌在市场上长期处于主导地位时，绝大多数制造商会选择使用自己的品牌，如哈药集团、三九集团、汇仁集团等。使用制造商品牌的优点在于：能树立企业品牌，建立企业的信誉；增加消费者对产品的忠诚度

（二）经销商品牌

经销商品牌即制造商将其产品大批量地卖给经销商，经销商再用自己的品牌将产品买出去。当制造商在自己不熟悉的市场环境下销售产品或者自己的声誉远不如经销商时，大部分就会考虑使用经销商的品牌，其目的在于借助经销商在消费者中建立的信誉使自己的产品尽快进入目标市场。目前医药行业比较著名的经销商品牌有深圳海王星辰、北京金象等。使用经销商品牌一方面可以使经销商加强对价格的控制，降低成本、提高竞争力和利润；另一方面，可以在一定程度上增加对作为供应商的生产者的控制力。

（三）制造商和经销商共存品牌

制造商和经销商共存品牌即一部分产品用制造商品牌，一部分产品用经销商商品牌。这样，既保持制造商的品牌特色，又扩大了销路。可以在某种程度上控制其他中间商。

在现代市场经济条件下，制造商品牌与经销商品牌之间经常展开激烈的品牌战。制造商品牌和经销商品牌之间的竞争，归根结底是制造商与经销商之间实力的竞争。药品企业究竟是使用制造商品牌还是经销商品牌，必须全面地权衡利弊，以作出决策。

四、品牌名称策略

品牌名称策略是指企业决定所生产的各种不同的产品，是使用同一个品牌还是分别使用不用的品牌，企业面对这种决策时，可有下面三种选择。

（一）统一品牌策略

统一品牌策略，即是企业将经营的所有产品都使用同一品牌的策略。使用统一品牌策略，有利于建立"企业识别系统"。对于那些享有高声誉的著名企业，可以利用已经获得成功的品牌推出新产品，这样容易使消费者产生信任感，提升企业的市场形象，同时节约建立新品牌的费用。如三九集团所生产的各种药品都统一采用"999"品牌。但也要看到，如果企业某个产品的信誉出现危机，将有可能影响企业的整体形象，甚至危及整个产品组合。

知识链接

◎ 企业识别系统 ◎

企业识别系统：CIS（Corporate Identity System）的中文全称，是一种改善企业形象的经营技法，指企业有意识，有计划地将自己企业的各种特征向社会公众主动地展示与传播，使公众在市场环境中对某一个特定的企业有一个标准化、差别化的印象和认识，以便更好地识别并留下良好的印象。企业识别系统主要由企业理念识别（Mind Identity，MI）、企业行为识别（Behavior Identity，BI）、企业视觉识别（Visual Identity，VI）三个部分构成。这些要素相互联系，相互作用，有机配合。

（二）个别品牌策略

个别品牌策略即企业对各种不同产品，分别采用不同的品牌。个别品牌策略一般在下面两种情况下使用：第一是企业同时经营不同档次产品，为避免因某种商品的声誉不佳而影响整个企业的声誉；第二是企业的某种产品在市场中已产生负面效应，企业在推出新产品时采取个别品牌命名，目的是不让消费者在原有品牌与新品牌之间产生联想，以免原有品牌对新产品的销售产生不良的影响。采用个别品牌策略的主要好处是：可以分散风险，企业的整体声誉不易受其中某个产品声誉的影响；能给不同特色的产品寻求各自的市场定位，有利于增加产品的销售额和市场竞争力；还可以区分不同档次的产品，有利于消费者识别和选购产品。但是，采用个别品牌策略会增加品牌创建和产品经营的费用。

（三）企业名称与个别品牌并用策略

企业名称与个别品牌并用策略，即企业将其不同产品分别使用不同的品牌名称，而且在产品的品牌名称前面冠以企业名称。企业采取这种策略的好处在于，可使每种产品能享受企业已建立的信誉，又可以反应每种产品的各自的特色。现在大多数企业都把企业名称与个别品牌并用策略用于新产品的开发上。

五、品牌重新定位策略

品牌重新定位策略即企业为摆脱困境、给品牌赋予新的活力，对品牌进行再次定位。在企业发展过程中，原有定位可能会成为制约因素，阻碍企业开拓新的市场；原有定位削弱品牌的竞争力；消费者偏好和需求发生变化。这时，企业就必须对品牌进行重新定位。深圳太太药业集团是保健品市场的后来者，曾两次对产品进行重新定位，起初的产品诉求是治黄褐斑，后来进行"除斑、养颜、活血、滋阴"多种诉求，最后将产品定位于"含有F.L.A，能够调理内分泌，令肌肤呈现真正天然美的纯中药制品"。企业在对品牌重新定位时，需要考虑的因素有：①重新定位所需的资金投入，比如调研费、营销推广费。再定位离原定位的距离越远，所需的费用就越高。②重新定位能获得多大的收益。这取决于目标消费者的数量和购买力、竞争者的数量和实力等因素。③重新定位面临的困难和风险。

【任务实施】

1. 成立品牌决策小组，要求每组3～4人，选派组长。

   组长：_____，任务分工：_____

   组员：_____，任务分工：_____

          _____，任务分工：_____

          _____，任务分工：_____

          _____，任务分工：_____

2. 调查胃溃疡药物的市场情况，收集资料，进行初步讨论。

   胃溃疡药物的市场情况：_____

   _____

   _____

3. 品牌决策流程：品牌化决策—品牌归属决策—品牌名称决策—品牌重新定位决策。

   品牌化决策：_____

   _____

   品牌归属决策：_____

   _____

   品牌名称决策：_____

   _____

   品牌重新定位决策：_____

   _____

【评分标准】

药品品牌决策的小组评分标准，见下表：

评分项目	评分备注	项目满分	实际得分
团队组建	能按要求组建团队	10	
品牌化决策	能结合市场实际情况，正确运用品牌化决策的相关理论	20	
品牌归属决策	能结合市场实际情况，正确运用品牌归属决策的相关理论	20	
品牌名称决策	能结合市场实际情况，正确运用品牌名称决策的相关理论	20	
品牌重新定位决策	能结合市场实际情况，正确运用品牌重新定位决策的相关理论	20	
设计方案汇报	形象大方、汇报形式新颖、表达清楚准确	10	
合计		100	

任务三　药品包装策略

【任务导入】

某制药公司经过两年的前期运作，品牌知名度迅速提升，主力产品的种类基本形成，销量呈递增之势。原来单体药店的货柜已不能满足企业发展的需要，产品进入大型连锁药店已经势在必行。在这个转型的过程中，产品包装所存在的问题逐渐显露出来。经过企划部门与营销部门相互沟通，决定对各产品包装重新定位，选择恰当的包装策略以促进产品销售。作为企划部门的主管，你将如何与你的团队做好此项工作呢？

【任务阐述】

巧妙地运用包装策略来改进产品包装，对提高产品包装水平可发挥重要作用。企业选择哪一种包装策略，首先要对国家相关规定、企业经营水平以及消费者需求等有所了解，在此基础上对产品包装进行准确定位，最后为产品选择适宜的包装策略。

【相关知识与技能】

一、概述

（一）药品包装的概念

药品包装包括两方面的含义：一是包装器材，即药品的外部包装物或容器，二是包装方法，即采用材料、容器对药品进行包装的操作过程和技术方法。

药品包装通常分为三个层次，即内包装、中层包装和外包装。内包装是直接接触药品的容器和包装材料。如，盛装口服溶液的玻璃瓶。中层包装，是用来保护内包装和促进销售的包装容器。如，口服溶液外的纸盒子。外包装，也称为储运包装，是药品最外面的一层包装物，用于储存和运输药品。在包装上通常还附有一些图案和说明文字，即药品标签，如品牌标志、主要成分、功能主治、有效期等等。标签也通常被视为包装的一部分。

（二）药品包装的作用

1. 保护药品

这是药品包装最基本的功能。包装可以尽量地避免药品在流通和销售过程中破损、挥发、泄漏、腐烂、霉变、虫蛀和污染。有了完好的包装，就能保护药品的使用价值。

2. 指导消费

药品包装上的标签包含了重要的药品信息。一方面，药品生产和经营企业可以将其作为向公众进行药品特性以及如何安全合理用药介绍的媒介。另一方面，在临床用药中，药品标签是用以指导医护工作者与患者合理用药的技术性资料。

3. 促进销售

俗话说："人靠衣装，佛靠金装，商品靠包装"。药品包装在美化和提高药品形象上起着极其重要的作用。精美的包装就是一个宣传广告，对消费者产生直接的吸引力，从而激发消费者的购买欲望。相反，一个优质的产品没有与之相匹配的包装，在市场上的竞争力就会减弱。

4. 增加利润

设计科学、精美的包装既与药品的质量、价格相适宜，又增加了使用的便利性，使消费者更易于接受，甚至愿意花更高的价钱购买。这高出的价格远高于药品包装的附加成本，从而增加产品的利润。

二、药品包装的使用策略

（一）类似包装策略

是指企业对其生产的药品采用相同的图案、近似的色彩、相同的包装材料和相同的造型进行包装，这样做有利于消费者识别出本企业的药品。类似包装策略的优点在于减少包装的设计、印制成本；能提高商品的整体效应，增加企业声势；利用企业已有声誉，使新产品迅速在市场上占有一席之地。但是这种策略只能运用于相当档次的药品，如果用于档次不同的药品，会使低档药品的包装费用增加，甚至还会影响到优质药品的销路。

（二）组合包装策略

是指企业把使用上有关联的多种商品组合在一起，置于同一个包装容器内，同时出售。如家用各式各样药箱、化妆盒等。组合包装能方便消费者购买、使用和携带；以主要产品携带销售其他产品，特别是以"老带新"，使消费者不知不觉地习惯使用新产品，有利于促进新产。

（三）附赠品包装策略

是指在药品包装物内附赠实物、奖券或图片等，以达到借助赠品扩大产品销售的目的。使用此策略是要注意选择的赠品要新颖，价廉物美；对不同的目标市场采用适合不同类型消费者心理的赠品。如冲剂产品的包装内附赠杯子；儿童药品的包装物可考虑放置小玩具、画片等适合儿童消费心理的物品，来扩大产品销路。

（四）再用包装策略

指在消费者将包装容器内的药品使用完后，其包装容器还可继续利用或移作它用。如设计精美的药瓶可以当成花瓶或饮水杯使用。这种策略能够引起消费者的购买欲望；此外，能够使印有商标的包装物发挥意想不到的广告宣传效果。但要注意不能"过分包装"，避免将再次使用当成包装的目的，而造成材料的浪费。

（五）改变包装策略

是指企业改变原来的包装设计，采用新的包装。这种改变可以是包装结构的改变，可以是包装材料的改变，也可以是包装技术的改变。某产品与其他竞争产品的质量相近，但销路却不畅，有可能就是包装设计不为消费者所接受，此时应注意变换包装，可能会创造出优良的销售业绩。

（六）习惯容量包装策略

是指对根据消费者在不同时间、地点购买和购买量不同采用重量、大小不同的包装。如15粒一盒的药片共消费者使用，100粒一大瓶的药片供医院使用。也有一些价格较贵的药品，推行小包装给消费者以便利感。还有一些新产品，为让消费者试用而采用小包装。

【任务实施】

1. 成立包装策划小组，要求每组3～4人，选派组长。

   组长：_____，任务分工：_____

   组员：_____，任务分工：_____

   _____，任务分工：_____

   _____，任务分工：_____

   _____，任务分工：_____

2. 根据产品品牌形象、产品定位、企业形象，就产品的包装定位进行初步讨论。

   产品的包装定位：_____

   _____

   _____

3. 根据产品的包装定位和包装策略的基本原理，选择包装策略。

   包装决策：_____

   _____

【评分标准】

药品包装策略的小组评分标准

评分项目	评分备注	项目满分	实际得分
团队组建	能按要求组建团队	10	
产品的包装定位	能结合企业实际情况，对产品包装准确定位	30	
包装决策	根据产品的包装定位和包装策略的基本原理，选择包装策略	50	
设计方案汇报	形象大方、汇报形式新颖、表达清楚准确	10	
合计		100	

项目 六 药品渠道管理实务

任务一　药品销售渠道方案设计

【任务导入】

河北省L县盛产枸杞，其产量占全国枸杞总产量的较大比重。但是有关部门就是不愿意收购，说是产大于销无销路。果真如此吗？经调查了解，发现枸杞并不是没有销路，而是拥有很大的市场。问题在于缺乏一个合适的销售途径。原来，人们生活水平提高了，枸杞不再是纯粹的中草药，还有其他用途：是滋补品、是桌上佳肴、是馈赠亲友的上好礼品。

问题：具有诸多用途的枸杞，应该拥有很大的市场，为什么会滞销呢？这种现象说明了什么？如果现在请你为之出谋划策，运用市场营销原理谈谈你的想法。

【任务阐述】

（1）通过分销渠道策略的学习和研究，请制定新的分销渠道策略。

（2）通过转变经营者的陈旧营销观念，变革目前的营销渠道格局，解决L县枸杞滞销的局面。

【相关知识与技能】

营销渠道是企业产品从生产领域进入消费领域所经过的路径。在医药界里更有"得渠道者得天下"的说法。鹿县枸杞滞销的原因主要是营销渠道不畅，突出表现在原有的销售渠道以及经营者的营销观念和方法已不能适应人们生活水平提高的新形势。在合理分析企业现状并且了解医药分销渠道影响因素的基础上：

（1）了解医药分销渠道的概念。

（2）掌握医药分销渠道的设计原则。

（3）了解营销医药分销渠道的影响因素。

一、营销渠道概述

（一）药品分销渠道的概念

是指药品在从制造商向消费者转移过程中，取得这种药品所有权或帮助所有权转移的所有企业和个人。

分销渠道包括了取得了产品所有权的中间商和帮助转移了产品所有权的代理中间商。商人中间商又包括药品批发商和药品零售商，代理中间商包括处于渠道起点的制造商和终点的最终消费者或用户，渠道行进中端的药品代理商和药品经纪商。

> **课堂互动**
>
> 药厂，批发商，药店，工商局，患者，医药公司代理人，银行，消费者，医院，OTC代表。
>
> 分析说明：上述经商机构和人员，哪些是分销渠道的成员？为什么？运用分销渠道的理论进行回答。

（二）药品分销渠道的特点

药品的分销渠道是药品从生产到消费所必需的环节，普通的消费者很难直接与药品生产企业打交道，同时药品流通往往存在信息不对称的情景，医药产品分销渠道的特点有：

（1）药品从生产者到达消费者的中介　这种中介作用表现如下：一是桥梁作用，即沟通药品生产企业与药品消费者之间的关系，加快药品从生产领域向消费领域转移的速度，加快生产企业资金回笼速度，促进药品流通；二是过滤器作用，即对限制假冒伪劣药品的流通，阻止其进入药品市场，确保患者用药安全。

（2）药品分销渠道具有很强的专业性，渠道主要有医药批发企业、医药商业公司、医药零售企业、医疗单位。

（3）每一条完整的药品分销渠道，一般包括生产者、中间商和消费者三个因素，起点是医药生产企业，中间有医药批发企业、医药商业公司、医药零售企业、医疗单位终点是最终消费者或患者。

（三）药品分销渠道的功能

药品分销渠道的主要任务是把药品从药品生产企业转移到患者手中，渠道中各成员各司其职：

1. 销售与促销

好的医药企业能建立合理的分销渠道，以促进药品的销售，并改善销售的质量，使企业生产的药品能够快速到达目标人群。

2. 仓储服务

医药生产企业的药品进入医药商业公司或医药批发企业、医药零售企业等销售渠道其他环节的仓库进行仓储时，实际上减少了生产企业直接销售时租赁仓储的开支，成为仓储和货物配送功能的延伸。

3. 融资职能

从财务上来看，赊销对医药企业来说意味着投资，对医药公司来说就意味着融资。很多大型医药企业都控制在外货款，有的干脆实行款到发货，以减少坏账损失，避免投资风险。

4. 风险承担

如果药品生产企业将药品供给医药批发商或医药公司，又能及时收回货款，可避免医院拖欠货款的风险，也就是说商业客户承担了药品生产企业的风险。药品流通领域的另一个风险是药品价格涨落时的滞后效应，一般按双方协议规定或协商解决。

5. 信息传递

销售渠道建立后的后续功能包括：搜集信息及进行信息传递。一般通过以下几方面实现信息传递：①利用医院和商业客户的联系，既可以传递药品的产品信息和相关医学信息，同时还促进医院使药品的使用信息有效反馈到药品生产企业。②药品推广会议、药品销售商业会议成为传递和收集自身产品和医学信息的最佳场所。③商业客户之间的调拨，也能收集到商业客户对产品的观点。

（四）选择药品分销渠道的意义

在通常情况下，药品生产企业和药品销售企业都想合理利用分销渠道销售药品，低成本投资，低风险运作，使药品高效，高质，高速地走过必要的环节和路线，到达消费终端，实现产品价值，获取利润。分析渠道路线现状、选择合理的分销渠道，主要有以下几方面的意义：

（1）医药产品能及时转移到消费者手中，从而关系到企业能否顺利地实现自己的市场营销目标。

（2）减少药品在流通领域中停留的时间，提高医药企业资金周转率。

（3）降低药品流通费用，提高利润率。

（4）开拓医药企业广阔市场，扩大企业产品的市场占有率。

（5）有利于为顾客患者服务，为顾客患者的购买行为提供便利。

（6）有利于密切产销关系，在对消费者需求充分了解的基础上，促进货源组织并合理安排生产，提高药品的适销度。

二、制定渠道选择方案

（一）药品分销渠道的类型

1. 直接分销渠道和间接分销渠道

按其是否有中间环节和中间环节的数量差异，药品分销渠道可分为直接分销渠道和间接分销渠道。

（1）直接分销渠道　是指药品由生产者将其药品直接销售给最后消费者或患者（生产者→最后消费者或用户）。经过直接分销渠道流通的药品，从生产者流向最后消费者或用户的过程中不经过任何中间商，是最短的分销渠道。

（2）间接分销渠道　是指药品经过若干中间商转手，从生产者流向最后消费者或患者过程中的分销渠道。同直接分销渠道相比，间接分销渠道具有两个层次（环节）以上的分销渠道，是较长的分销渠道。大多药品从生产者流向最终患者的过程中都要经过若干中间商的转手，也就是说，间接分销渠道是药品分销渠道的主要类型。

2. 宽渠道与窄渠道

医药营销渠道的宽度是指营销渠道中每个环节同种类型中间商数目的多少。多者为宽，少者为窄。

（1）宽渠道　生产者在每一个产品流通层次上选用两个以上的同类型中间商进行营销称为宽渠道。宽渠道分销的优点在于：促进大批量药品可以迅速地进入市场，增加产品销售量；加剧同类中间商之间互相竞争，提高整体营销效率；有利于生产企业对渠道成败进行有效评价、取舍。在目前的药品营销市场，OTC药品和普通品生产者多采用这种渠道。

宽渠道的缺点主要体现在：中间商与生产者合作关系不密切，对本企业药品的忠诚度很难保证；产品营销所有权不明晰，营销者在营销过程中不愿付出更多的费用和精力；此外，生产者对营销渠道难以实行有效的控制，增加管理的时间成本和资金成本。

（2）窄渠道　指药品生产者在每一个流通环节上只选用一个中间商来营销自己的产品，这种营销渠道一般称为窄渠道。窄渠道最大优点是生产企业对中间商的支持力度相对较大，生产者与中间商协作关系密切，易于中间商的控制与管理。缺点是生产者与中间商的合作关系过从紧密，与中间商利益纠葛更为复杂，对中间商依赖性过强，一旦关系改变，生产企业面临往往不可逆转的巨大市场风险。这种营销渠道类型适用于营销面窄而单位价值较高的药品。适合集中营销的的处方药品、进口药品和新特药品的营销工作。

3. 长渠道与短渠道

按照药品流通过程中中间环节的数量，营销渠道分为长渠道和短渠道两类。

（1）长渠道　药品生产者使用两个以上的不同类型的中间商来营销自己的产品，这样的营销渠道称为长渠道。长渠道的优点是：渠道较长，分布较广，触角较多，能有效地覆盖目标市场，扩大产品市场占有率。通常营销量大而面广、单位价值低的普通药品适合采用长渠道策略。

但长渠道也有其不足之处：由于组成长渠道的层次多，每一环节上的中间商数量较多，从而增加营销费用、最终提高药品营销价，从而削弱了药品的价格竞争力；中间环节多、信息路较长、失真率高，从而影响生产者决策；中间环节多，商品运输距离远、时间长，货物配送成本高，也容易使药品的损耗增大；各环节中工商之间、商商之间难以建立密切的合作关系。

（2）短渠道　药品生产者在营销过程中只使用一个环节或者没有经过中间环节的

营销渠道称为短渠道。短渠道的优点是：中间环节较少，商品经过时间较短，流通费用较低，有利于增强药品价格竞争力；有利于药品生产企业迅速了解市场信息，及时决策；也利于生产者与中间商合作。加强沟通。短渠道的主要弊端是由于渠道相对较短，市场覆盖面相对较小，不利于药品的大批量营销，因而只适合单位价值高的新特药品、进口药品等产品的营销；此外，由于流通渠道短，市场稍有变化，就可能直接波及药品生产者，因而药品生产者经营风险也较大。

（二）药品分销渠道的结构模式

见图6-1药品分销渠道模式。

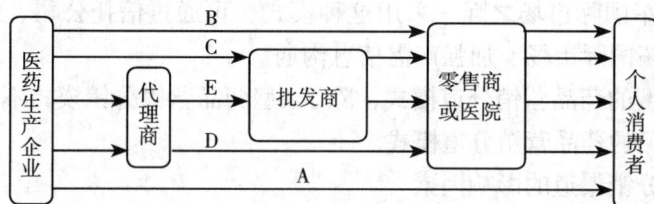

图6-1 药品分销渠道模式

1. A型营销渠道

即生产者→消费者（或用户）。这是最简单、最简短的渠道，由生产者直接将药品销售给消费者，药品销售过程不经过任何的中间环节。随着市场经济的发展，这种直销的市场营销渠道，逐渐被间接的营销结构方式所替代。尤其是医药产品，法律规定必须通过医药商业公司的中间环节，所以这种营销渠道在药品营销市场不具备普遍性。

2. B型营销渠道

即生产者→零售商→消费者。它是指中间经过零售商这一中间环节，由药品生产者把药品销售给药品零售商，再由药品零售商专卖给消费者或患者的营销渠道。可以通过零售商经营点多、覆盖面广的优势，克服药品销售与药品市场消费者需求在时间和空间上的差异性，把药品更广泛地销售出去。同时，这种药品营销渠道经过的环节少，可以使产销保持密切的关系，有利于保持名牌药品的质量与信誉，提高厂牌、商标知名度，树立良好的企业形象，对药品生产企业于单位与药品经营企业或单位都是有利的。在医药行业，厂店挂钩，前店后厂、以及零售商店直接从生产企业进货或为某种品牌药品设置专柜等均属于这种营销渠道模式。

3. C型营销渠道

即生产者→批发商→零售商→消费者。这是传统营销渠道方式，它是指中间经过两个或两个以上的流通环节，生产者把药品销售给批发商，批发商再转卖给零售商，最后零售商再出售给消费者的营销渠道模式。采用这种营销渠道，既可节约生产者的销售时间成本或费用，又可节省零售企业的进货时间成本和开支。同时，既有利于生产者大批量生产和大批量销售，也有利于药品零售企业扩大药品经营品种和减少、降低资金的占用率。这种营销渠道，在药品的销售中，起到了主渠道的作用。

4. D型营销渠道

即生产者→代理商→零售商→消费者。这种营销渠道模式，指首先经过生产者委托代理商，并由代理商将药品销售给零售商，最后零售商再出售给消费者的模式。代理商的作用，在于明确药品营销的所有权，提高医药营销者的经营热情，扩大药品的销售数量，加快药品的流通速度。

5. E型营销渠道

即生产者→代理商→批发商→零售商→消费者。这种营销渠道模式，首先经过一道生产者委托的代理商，然后由代理商将药品销售给批发商，并由批发商将药品销售给零售商，经过较多的环节，最后到达消费者的渠道模式。代理商的存在，增加了流通环节，使流通时间和费用相应提高，但同时积极加速药品流通和促进药品广泛营销，尤其是在进军国际市场之际，采用这种模式，可通过信托公司、经纪人或其他代理中间商积极开拓国际市场、加强产需信息沟通。

以上几种类型的药品营销分道模式，除了A型药品营销分销模式不具有普遍性外，其他四类是较常见的药品营销分道模式。

（三）药品分销渠道的影响因素

药品生产企业要把生产的药品有效及时地销售出去，必须正确地选择分销渠道。而在选择分销渠道之前，必须对影响分销渠道的因素具体分析，认真研究。如图6-2影响医药分销渠道选择的因素。

1. 市场因素

药品营销市场是由有药品消费能力，药品消费欲望的顾客所构成。在市场经济的条件之下，任何药品的流通都无法规避市场机制的作用与影响。市场因素是影药品生产企业正确选择分销

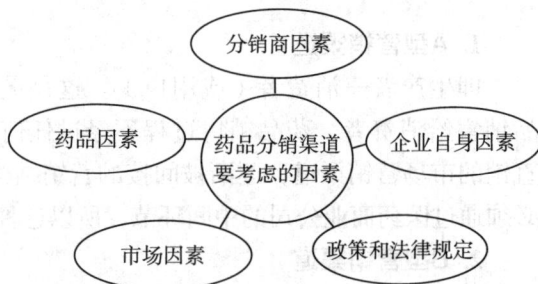

图6-2 影响医药分销渠道选择的因素

渠道的重要因素之一，市场的性质决定分销渠道模式的选择，具体应考虑以下几个方面：

（1）市场需求数量及单次购买数量的多少 如果市场需求数量大而单次购买数量小，应选择长而宽的药品分销渠道，以扩大市场占有率；如果市场需求数量小而单次购买数量大，应选择短而窄的药品分销渠道。

（2）潜在顾客的状况 如果潜在顾客分布面广，市场范围宽，覆盖率大就要选择长渠道，广为营销。

（3）市场的地区性 目标顾客市场聚集的地区，分销渠道可以缩短；一般顾客目标市场地区则采用传统分销渠道，即经批发商与零售商销售。

（4）消费者购买习惯 对于一般常用性药物，如普通的消化道系统用药，感冒药等产品，具有产品方便购买及就地购买要求。同时此类产品通常价格相对低廉，顾客无须仔细选择，因此，应选择长而宽的药品销售渠道，药品销售网点也尽量分散；而对一些价格昂贵的特殊药品等，目标市场覆盖面窄，药品价值较高，一般应选择短而窄的分销渠道。

（5）市场需求的季节性 某类药品销售市场往往有淡季和旺季之分，如治疗冻疮

类药品。可充分发挥中间商的作用，一般淡季时销售渠道可相应缩短，旺季销售渠道相对扩大。如清治疗冻疮类药品，冬季是其销售旺季，市场需求量很大，销售时间比较集中，这时应多采用广泛的药品分销渠道，充分发挥中间商的经营作用。

（6）竞争者的分销渠道　同类产品一般要采取同样的分销渠道，比较容易占领市场。一般说来，医药企业应尽量避免与竞争者使用相同的分销渠道，除非企业的竞争能力超过竞争对手。

2. 药品因素

医药产品本身的特点对营销渠道的选择决策起着决定性的作用。药品因素主要考虑以下几个方面：

（1）药品价格　一般说来，药品价格越高，就应尽可能减少销售渠道的环节，可采用直接销售或较短营销渠道，以避免最终售价的提高而影响销售；反之，价格较低的药品，其利润空间较小，需要大批量销售方能赢得一定的利润，只有广泛采用中间商销售，采取广渠道的营销方式，才能扩大销路。

（2）药品的重量和体积　由于药品的体积和重量会直接影响到药品运输费用和储存费用。因此，对于体积大的重型药品，应选择直接供应或中间商极少的间接营销渠道；小而轻的药品，则可以选择中间环节较多的分销渠道。

（3）技术性和售后服务要求高的药品或需要经常保养的药品，分销渠道要短　对于技术极为复杂的药品，或者是售后技术服务非常重要的药品，应尽量由药品生产企业直接供应用户；如果确需通过中间商推销的，生产部门应设立专门的技术服务网点，以方便用户随时进行技术咨询，医药产品保养和维修等。

（4）药品的时尚性　时尚性较强的产品，如营养口服液或保健食品，应快产快销，减少销售渠道环节，缩短药品销售时间，加速药品周转。

（5）药品的保质条件和易损性　对有效期较短的药品，应尽可能选择较短的分销渠道，以便及时销售；对于易毁的药品，如必须在低温保存的药品或储存养护条件要求高的药品等，也不易采取过多的中间转手环节，以减少上下搬运中的药品损耗。

（6）医药新产品　为了较快地把新药品投入市场，占领市场，药品生产企业应组织销售力量，直接向消费者或利用原有分销渠道销售。

3. 医药企业自身因素

（1）医药企业实力　医药企业实力主要包括人力、物力、财力等，如果企业实力强大，可建立自己的营销渠道销网络，实行直接销售，否则应选择中间商营销产品。在一般情况下，药品企业规模较大，资金雄厚，市场声誉较高，就有更多的选择分销渠道的余地，甚至可建立自己的销售机构，不需任何中间商；而对资金有限的中小企业来说，一般必须充分依靠中间商的力量。

（2）医药企业的管理能力　一般而言，药品企业的营销管理能力较强，药品市场营销经验丰富，可采用短的分销渠道；相反，则应尽可能利用中间商进行销售。从我国目前情况看，大多数医药企业只具备生产管理能力，但缺乏销售业务管理能力和市场经验，因此，大部分药品还必须依靠中间商进行销售。

（3）医药企业对渠道的控制程度：有些医药企业为了有效控制分销渠道，宁愿花费较高的费用进行直接销售，建立较窄而短的渠道；也有一些医药企业重点在于控制销售成本，则可采取较长而宽的分销渠道。

（4）药品企业的售后服务网络，那么药品企业可采取直接分销渠道，反之，企业应利用中间商帮助其销售药品。

4. 药品分销商因素

主要包括医药分销企业规模大小、对终端消费者市场的覆盖率、影响力等。如果当地某一中间商能覆盖大部分或全部终端市场，则可采用独家分销模式，而如果当地各分销商能力有限，相互激烈竞争，则可采用多家分销渠道模式，以提高对终端市场的覆盖率。假如药品零售商的实力较强，经营规模较大，则可直接利用药品零售商进行销售。

5. 其他因素

医药商品销售渠道，除受上述因素影响外，还有一些需要考虑的其他影响因素。如药品交通运输条件，国家对有关药品的购销政策、价格政策、法令、条例等。这些都是医药企业选择分销渠道时应认真考虑的。特别是政府有关医药营销立法及政策规定，包括药品财税政策和整顿医药市场的一系列法律法规。

【任务实施】

1. 请同学们进行分组，要求每组3~4人，选派组长并根据【任务导入】情境，选择一种产品作为本项目实施的依据。

（1）小组组建

组长：＿＿＿＿＿＿，任务分工：＿＿＿＿＿＿＿＿＿＿＿＿＿＿

组员：＿＿＿＿＿＿，任务分工：＿＿＿＿＿＿＿＿＿＿＿＿＿＿

＿＿＿＿＿＿，任务分工：＿＿＿＿＿＿＿＿＿＿＿＿＿＿

＿＿＿＿＿＿，任务分工：＿＿＿＿＿＿＿＿＿＿＿＿＿＿

（2）小组项目产品选择

本小组选择的项目产品为：＿＿＿＿＿＿＿＿＿＿＿＿＿＿＿＿＿＿

（3）项目产品的背景了解与产品认识

请通过互联网、图书馆或其他手段，了解有关项目产品的基本信息。

你们的产品是：＿＿＿＿＿＿＿＿＿＿＿＿＿＿＿＿＿＿＿＿

产品的功能是：＿＿＿＿＿＿＿＿＿＿＿＿＿＿＿＿＿＿＿＿

产品的使用场合：＿＿＿＿＿＿＿＿＿＿＿＿＿＿＿＿＿＿＿

产品有什么样的特点：＿＿＿＿＿＿＿＿＿＿＿＿＿＿＿＿＿＿＿＿＿＿＿

＿＿＿＿＿＿＿＿＿＿＿＿＿＿＿＿＿＿＿＿＿＿＿＿＿＿＿＿＿＿＿＿

其他信息：＿＿＿＿＿＿＿＿＿＿＿＿＿＿＿＿＿＿＿＿＿

2. 根据【任务导入】提供的情境及小组选择的产品，通过小组讨论，明确下述内容。

第一步：确定渠道设计的及渠道设计主题

（1）你们小组的渠道设计目的是：＿＿＿＿＿＿＿＿＿＿＿＿＿＿＿

（2）确定的渠道设计主题是：_____

（3）围绕渠道目的和渠道主题，需要了解那几个方面的内容（概括性内容）？

a. _____

b. _____

c. _____

第二步：确定具体渠道选择方式考虑因素

a. 主要渠道方式考虑因素一_____

可能涉及的具体内容项目为：_____

b. 主要渠道方式考虑因素二_____

可能涉及的具体内容项目为：_____

c. 主要渠道方式考虑因素三_____

可能涉及的具体内容项目为：_____

d. 主要渠道方式考虑因素四_____

可能涉及的具体内容项目为：_____

第三步：确定渠道的方法

（1）通过图书馆资料查找、实地考察等手段，确认上述列出渠道原则指导下的渠道选择途径？通过资料收集发现：

a. 渠道选择一：

_____

其中选择理由：

_____

b. 渠道选择二：

_____

选择一：_____
特点：_____
选择二：_____
特点：_____
选择三：_____
特点：_____
选择四：_____
特点：_____

_____

第四步：确定渠道设计计划时间、地点

（1）根据项目的具体情况，本项目预计的时间跨度为：

_____

整个渠道设计各环节的预计时间分配：

渠道设计环节	时间分配比例	时间起止计划
1.		
2.		
3.		
4.		
5.		
6.		

（2）拟定渠道设计调查的地点选择为：_____

选择这些地点的原因是：_____

第五步：提交渠道设计调查报告

最终提交的调查报告内容包括：

_____

提交报告的形式为：_____

3. 请以小组为单位，根据选择的产品，设计并撰写、提交一份完整的市场调查方案书。调查方案书一律采用A4纸打印，格式要求：

（1）页边距：上2.5cm，下2.1cm，左2.5cm，右2.1cm

（2）正文字体为五号宋体字，行间距为20磅；标题为小四号宋体，加粗。

此外，在调查方案书中标明小组成员及本子项目的任务分工和完成情况。

4. 以小组为单位，认真讨论本小组市场调查方案的可行性，对调查方案进行改进，确保方案能够在后续学习任务中实施。（本项目的后续学习任务，将给予现在的调查方案）

【评分标准】

渠道调查方案书制定的小组评分标准

评分项目	项目满分	实际得分	评分备注
团队组建	10		
渠道设计目的、主题	10		
渠道设计内容	10		
渠道设计方法	10		
渠道设计对象、范围	10		
渠道调查时间、地点	10		
渠道设计费用预算	10		
渠道设计报告	10		
渠道设计方案汇报	20		
合计	100		

调查方案书制定的个人评分标准，小组成员最终得分参考小组成员分工表进行评分。

小组成员分工表

组员姓名	应承担的任务	任务完成情况	加减分情况	实际得分
*组长				
组员1				
组员2				
组员3				

任务二　渠道成员选择

【任务导入】

四川迪康科技药业股份有限公司1993年创立于成都高新技术产业开发区，是在市场经济的环境中诞生的现代化制药企业，在20年的发展历程中，公司通过联合、兼并、收购等资本运作方式，公司规模不断扩大，迅速发展成为以制药为主，药物研究、药品营销、药品连锁经营等纵向一体化的国家高新技术企业。公司共有20个制剂剂型，17条生产线，生产各类剂型药品共249个，其中医保产品129个，非医保产品120个，含国家级新药12个，国家中药保护品种8个，公司申请专利28个（已授权18个）。公司所生产的产品剂型齐全，销售网络遍及全国。

【任务阐述】

通过渠道成员选择章节学习，请根据公司经营特点，发展方向，在现行医药行业现状考量下，合理选择渠道成员。

【相关知识与技能】

一、药品分销渠道成员的构成

药品分销渠道成员的选择关键是药品中间商的选择。药品中间商是通过药品买卖或提供服务来促成药品的买卖的经济组织，通常指进药品产品代理、药品批发和零售的专业医药公司或相关医疗单位，它是联系药品生产和药品消费的中间环节，因此人们才习惯上称之为药品中间商。药品中间商的分类如下：

（一）药品批发商

药品批发企业是介医药生产企业医药零售企业之间的经营者，医药集团公司是其主要形式。医药产品批发是医药产品批发企业进行大宗药品买卖的一种经营活动，医药产品流通的中间环节，是医药产品流通的枢纽。

医药产品批发企业的基本任务是：严格执行《药品管理法》等法律法规，在做好为药品生产服务、药品为零售服务、为患者服务、取得最佳社会效益的同时，不断开降低流通费用，拓展新的消费市场，实现企业的最佳经济效益与社会效益的完美结合。

药品批发特点如下：

（1）药品批发的销售对象，一般是药品零售企业、医疗单位和其他批发。其业务交易在企业和集团之间进行。

（2）药品批发销售，但交易次数较少，每次交易数量较大。

（3）批发售出的药品往往仍处于流通环节中端，而不是流通环节的末端，流通最终目的需流向终端消费者。药品批发企业的购买药品目的是为了转卖。

（4）未经批准，医药批发企业不得从事药品零售业务。

详见图6-3批发商的分类。

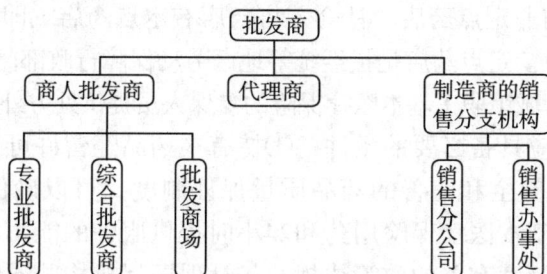

图6-3 批发商的分类情况

（二）医药零售商

药品零售是指医药零售商将药品销售给消费者的过程，是药品流通环节的终端。药品零售企业是指把药品直接销售给消费者经济组织，他们具有法人资格并获得合格资质。

1. 药品零售的特点

（1）药品零售的销售对象是终端消费者或患者。零售药品的购买者是为了自己的消费而购买药品，并不是为了转售。

（2）药品零售时，交易次数多，但每次交易数量小。

（3）药品一经售出，便离开医药流通领域而进入医药消费领域。

（4）未经批准，药品零售企业不得从事或开展药品零售业务。

2. 药品零售的形式

医药产品可经社会零售药店、药品零售连锁经营组织、普通商业零售企业的专柜、网上药品零售组织医疗机构药房等渠道零售给消费者。

详见图6-4零售商的分类情况。

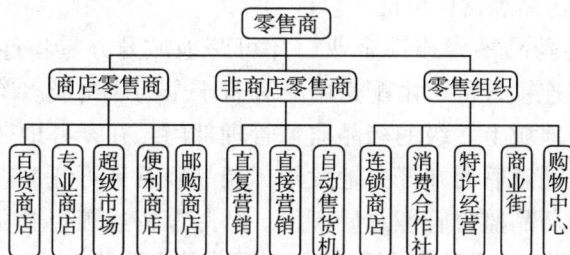

图6-4 零售商的分类情况

（1）社会零售药店　社会零售药店是指以一定地区为范围，面向广大群众的零售药品商店。它以轻症小病患者为主要服务对象，以销售非处方药和普通处方药为主要业务，特别是非处方药销售是其主要的发展空间。

（2）医疗机构的药房　医疗机构药房是主管药事管理事宜和医疗机构内药品和的技术职能科室。它负有根据医疗需要，编制药品采购计划，有效实施药品供应、管理等工作的任务。医疗机构可以按法律、法规的规定，根据临床需求，使用处方药品和非处方药品。处方药品必须凭执业医师或执业助理医师的处方购买使用。医师处方必须遵循科学、合理、经济等的原则。医疗机构药房根据医师处方的药物进行调配。

（3）定点药店与非定点药店　社会零售药店有定点药店（即基本医疗保险定点药店）和非定点药店之分。定点药店是指经统筹地区劳动保障行政部门的审查，并经社会保险经办机构的确定，为城镇职工基本医疗保险的参保人员提供处方外配服务的零售药店。

定点药店的设置应具备必要的条件：①持有《药品经营许可证》和《营业执照》并年检合格；②具有健全和完善的药品质量保证制度，可以确保药品供应安全、有效；③具备及时供应基本医疗保险用药和24小时提供服务的能力；④能够严格执行城镇职工基本医疗保险制度有关的政策法规，与社保医保机构共同做好各项管理工作；⑤具有较强的药学技术力量，能保证在营业时间内至少有一名执业药师在岗，营业人员则需经药品监督管理部门培训合格方可上岗；⑥定点药店随时定期接受劳动保障行政部门、药品监督管理部门、物价部门的监督检查。

（三）药品零售连锁经营

1. 概念

药品零售连锁经营是指药品流通领域若干药店，以共同渠道进货或授予特许权等方式联合起来，实现服务标准化、经营规模化、管理专业化，共享规模效益的一种现代医药商业经营方式和组织形式。药品零售连锁企业是由总部、配送中心和若干个门店构成的组织经营形式。总部是连锁企业经营管理的核心，配送中心是连锁企业的物流机构，门店是连锁企业的基础，承担日常零售业务。

2. 基本特征

具有较多的药品超市门店；较低的药品售价；较大的营业面积；相对一致的CI设计；连锁药店的组织形式；现代化药品储存与养护以及人力资源管理技术的应用。

3. 药品零售连锁企业的开办

药品零售连锁企业应是企业法人。药品零售连锁企业总店及其所属门店应分别取得《营业执照》和《药品经营许可证》。

只有通过认证的药品零售连锁企业，才可跨地域开办零售连锁分部和门店。跨地域开办的药品零售连锁分部，由配送中心和若干个门店构成。跨地域开办的药品零售连锁企业，由所跨地域上一级的药品监督管理部门，在开办地药品监督管理部门的审查基础上，审核并同意后通知开办地发给《药品经营许可证》。跨省零售连锁企业的开办，由国家食品药品监督管理总局审批。药品零售连锁企业在其他商业企业或宾馆、机场等服务场所设立的柜台，只能销售乙类非处方药。

（四）药品代理商

药品代理商是指受委托人委托，替委托人采购或销售药品并收取佣金的一种中间商，一般由医药商业公司或个人构成。代理商与批发商的根本区别是它不拥有药品的所有权。医药代理商按一定标准可分为如下几种：

1. 药品产品代理

具体表现为采购代理和营销代理。采购代理通常与委托人有长期的业务关系，提供进货、验货仓储和送货、信息、产品选择等服务；营销代理则帮助生产者营销全部或部分药品，它对价格、付款及其他营销条件等方面有较大的权力，其功能相当于生产者的营销部门。

2. 药品区域代理

药品全国总代理和药品地区总代理，由于地区范围的不同，其营销权利与义务也不相同。有实力的医药商业公司倾向于做药品全国总代理，全权负责药品全国市场的开拓、营销策略的实施，药品的价格的制定药品物流配送、经营资金回笼、药品售后服务等都由药品代理商承担。当然药品代理商的义务是确保在一定时间内达到一定的营销额。从这一点上考虑，一些实力相对较弱的公司就退而求其次，承担一定药品地区营销代理的角色。而药品生产企业会依照自己不同的药品市场战略进行选择。

二、渠道的选择

（一）选择药品中间商

选择药品中间商首先要确定其能力的标准。对不同类型的药品中间商以及他们与药品生产企业的关系，应确定不同的评价标准。这些标准包括4个基本方面：

1. 药品中间商的销售能力

要了解该药品中间商是否有训练有素的药品销售队伍、其患者市场渗透力有多强、药品销售地区有多广、曾经销售哪些其他药品、能为患者提供哪些服务等等。

2. 药品中间商的支付能力

为确保销售商的财务实力，要了解该药品中间商是否有足够的支付能力。

3. 药品中间商的经营管理能力

要了解药品中间商的管理人员是否有足够的才干、知识水平和业务经验等。

4. 药品中间商的信誉

要了解该药品中间商在社会上是否得到信任和尊敬、是否愿意和药品生产厂商真诚合作等等。

要了解药品中间商的上述情况，企业必须收集大量的有关信息。如果必要的话，药品企业还可以派人对被选取中的药品中间商进行直接调查。

知识链接

> 处方药（Rx）：是必须凭法定医生、执业医师或助理医师的处方才可调配、购买和使用的药品。包括：①甲类处方药：无法定医生处方严禁销售、购买和使用！如麻醉、精神、毒性、放射性等特殊药品。②乙类处方药：按照医生处方销售、购买和使用其他处方药。

（二）OTC药品营销渠道的模式

1. 医药生产企业——零售药店——个人消费者

这是指药品生产企业将药品销售给零售药店，然后由药店销售给个人消费者或患者。这是营销渠道中较简单的营销渠道模式之一，其特点是没有药品中间商介入，由药品生产厂家直接向零售药店销售，因而利润空间相对较大。其条件是药品生产企业实力雄厚，必须在全国各地建有办事处机构和药品营销网络，否则无法满足繁琐的面广量小送货、铺货、回款等繁琐工作。目前一般OTC药物或普通药品常采用这种药品营销渠道模式。

2. 医药生产企业——代理商——零售药店——消费者

在这种药品销售渠道中，医药生产者通过一定的药品代理商将药品销售给零售药店，然后再由零售药店销售给消费者或患者。这种类型的营销渠道适合生产OTC药品但又实力不足或没有自营销售网络的企业。

3. 医药生产企业——代理商——医药商品批发公司——零售药店——消费者

由于企业没有自己的营销网络，所以只能借助于药品中间商的销售力量销售药品。首先寻找药品代理商，通过药品代理商去寻找商业公司，再借助这些医药商业公司的批发渠道向市场零售药店铺货，最后通过药店将药品销售给消费者或患者。这种药品营销渠道模式是OTC药品和普药常用的营销模式之一。因为这两者药品单位价值小，但销售面广，零售药店众多或分散，药品生产企业根本无力也没有必要向城乡每一个角落的零售药店供货与汇款，完全可以借助药品中间商的力量实现自己药品销售的目的。然而这种药品销售渠道模式的最大缺陷是药品生产企业市场营销主动权掌握在药品代理商手中，无法直接接触药品销售市场。因而当企业有能力组建销售网络时，应及时向下一种销售模式过渡。

4. 医药生产企业——医药商品批发公司——零售药店——消费者

这种渠道与前一种渠道相比只是少了一个代理商，由企业自有的销售力量与各地商业公司产生业务联系，并由商业公司自有的零售药店或其他专业零售药店向消费者销售药品。与第一种模式相比，它可以最大限度地借助于医药商业公司的销售渠道和销售力量，扩大产品的销售量，并且对销售渠道的控制力较强，利润空间也大，同时可以较多的参与具体的市场销售活动，了解市场第一手信息，帮助企业做出正确的营销决策，因而目前是OTC药品和普药最常用的销售手段。

（三）处方药品营销渠道的模式

1. 药品生产企业——医疗单位——个人消费者

这也是一种由生产企业直接将药品供应给（进入）医院，再由医院在病人就诊时出售给个人消费者的销售渠道模式。这种渠道模式使用于需要进入医院销售的新特药品、进口药品、处方药品。采用的企业则需要实力雄厚、管理规范，有自己健全的营销网络，能够承担繁重的发货、推广、回款等工作。需要指出的是，这种渠道类型不一定在全国各地都适用，因为大部分地区规定生产企业药品不能直接进入医院，必须经过当地的医药经营公司。

2. 医药生产企业——代理商——医疗单位——个人消费者

这种营销渠道模式是医药生产企业通过合适的药品代理商，直接将药品进入当地医疗单位，再由医疗单位将药品出售给消费者。企业的市场销售工作由代理商全权负责，自己相当于一个生产基地。这种模式适合于需直接进入医院销售的一些新特药品、进口药品、处方药品、医疗器械类和市场营销能力不足的医药生产企业采用。

3. 医药生产企业——代理商——医药商业批发公司——医疗单位——个人消费者

这是目前医药市场上药品销售中较为普遍采用的渠道类型之一，适合于需要进入医院销售的处方药品、进口药和新特药品的销售工作，适用于整体实力较弱，不能在全国建立药品销售网络的企业。通常医药企业首先寻找合适的药品代理商，通过这些药品代理商的销售网络再通过各地医药商业批发企业的力量，将药品进入目标医院，药品生产企业配合医药商业公司做医院的推广工作。这种形式既解决了医药生产企业营销能力不足的缺陷，又可满足医疗单位用药品种杂、数量多的要求。因为医药生产企业多为零星分散，品种单一，需要药品批发商将集中起来的产品供应医疗单位。这是多数药品生产企业和医疗机构都认为理想的药品销售渠道。但缺点是这种渠道相对较长，环节相对较多，从而增加了药品流通费用，提高了药品销售价格。此外由于药品市场营销的主动权掌握在药品代理商手中，药品生产企业对药品营销渠道的控制能力相对较差，不利于药品生产企业的长远发展。因此当药品生产企业的实力较为雄厚，能够直接进行药品市场营销工作时，一般可采用下面一种医药渠道模式。

4. 医药生产企业——医药商业批发公司——医疗单位——消费者

这种药品销售渠道模式是目前处方药品、进口药品、新特药品销售工作中最为普遍的药品营销模式。通常做法是由药品企业与医药商业公司签定药品销售合同，由医药公司销往医院，并负责与医院间的贷款结算工作。医药生产企业与商业公司发生直接货、款往来关系，医药生产企业的医药代表帮助商业公司做医院的药品推广工作。国家也提倡这种药品销售模式，他既能保证药品的质量，又可避免企业将越演越烈的促销不正之风。对于生产企业而言也是好处多多，既减少了药品营销的工作量（只要与一家或几家当地医药公司发生业务联系），又能直接掌握了解药品的市场销售情况，也可以在必要时通过自己的医药代表的促销工作提高药品的销售量。

（四）药品代理商的选择模式

1. 征求代理商

一般说来征求药品代理商的方式有两种，一是直接的信函电话方式；二是广告征求代理商。可以先搜索医药行业里潜在的专业代理公司或个人资料和信息，然后通过寄信或电话，介绍自己的新产品情况，并提出对代理商的要求，表达合作的意愿。或者通过专业的医药报刊杂志，专业的医药招商网刊布新药招商信息。

2. 申请和推荐

申请（或推荐）途径有：由市场部或商务部根据业务发展需要而推荐，代理商自己提出申请。凡自己提出申请，要求成为代理商的公司或个人，必须首先填写代理商申请报告，并附上能表明该公司合法身份和业务范围的正式文件的复印件，递交给企业客户服务部。凡市场部或商务部招商经理推荐的药品代理商。必须首先填写代理商推荐报告，并附上能表明该公司合法身份和业务范围的正式文件的复印件，上报客户服务部。然后由客服部负责收集整理代理商的基本信息，包括区域、通讯联络、主营（或感兴趣）品种，并录入数据库。

3. 初步评议

然后由商务部对基本的代理商信息及资质文件进行初步审查和评估，并根据公司新产品的特点和渠道发展的要求进行筛选，确定考察代理商的名单并上报公司总经理。

4. 实地考察

对列入实地考察的药品代理商，商务部招商经理协同市场部或总经理负责对代理商进行第2次沟通和对有价值的代理商商进行实地考察拜访。然后编制最终代理商基本情况报告，主要内容包括一般情况、终端网络、开发推广能力、现经营业绩、人员（团队）状况、合作愿望。

5. 授权签订合同

对实地考察通过的代理商，由商务部在一个月之内组织有关部门根据实地考察情况，就代理权限、区域、价格进行讨论，并最终与该代理商签定为期一年的代理商合同。

【任务实施】

1. 请同学们进行分组，要求每组3~4人，选派组长并根据【任务导入】情境，根据前面医药渠道设计和渠道成员选择内容，选择一种渠道作为本项目实施的依据。

（1）小组组建

组长：_____，任务分工：_____

组员：_____，任务分工：_____

_____，任务分工：_____

_____，任务分工：_____

（2）小组项目渠道选择

本小组选择的渠道为：_____

（3）渠道设计的选择

你们的渠道设计是：_____

渠道选择的功能是：_____

渠道选择的使用场合：_____

渠道有什么样的特点：_____

_____

其他信息：_____

2. 根据【任务导入】提供的情境及小组选择的渠道，通过小组讨论，明确下述内容。

第一步：

（1）你们小组的渠道成员选择的依据是：_____

（2）确定的渠道成员选择主题是：_____

（3）围绕渠道目的和渠道主题，需要了解那几个方面的内容（概括性内容）？

a. _____

b. _____

c. _____

第二步：确定具体渠道成员选择考虑因素

a. 主要渠道成员考虑因素一_____

可能涉及的具体内容项目为：_____

b. 主要渠道成员考虑因素二_____

可能涉及的具体内容项目为：_____

c. 主要渠道成员考虑因素三_____

可能涉及的具体内容项目为：_____

d. 主要渠道成员考虑因素四_____

可能涉及的具体内容项目为：_____

第三步：确定渠道的方法

（1）通过图书馆资料查找、实地考察等手段，确认上述列出渠道原则指导下的渠道选择途径？通过资料收集发现：

a. 渠道成员选择一：

_____

其中选择理由：

_____

b. 渠道成员选择二：

_____

c. 渠道成员选择三：

_____

其中选择理由：

_____

d. 渠道成员选择四：

_____

其中选择理由：

_____

_____

选择一：_____

特点：_____

选择二：_____

特点：_____

选择三：_____

特点：_____

选择四：_____

特点：_____

_____

_____

第四步：提交渠道成员选择调查报告

最终提交的调查报告内容包括：

_____

提交报告的形式为：_____

3. 请以小组为单位，根据选择的产品，设计并撰写、提交一份完整的市场调查方案书。调查方案书一律采用A4纸打印，格式要求：

（1）页边距：上2.5cm，下2.1cm，左2.5cm，右2.1cm

（2）正文字体为五号宋体字，行间距为20磅；标题为小四号宋体，加粗。

此外，在调查方案书中标明小组成员及本子项目的任务分工和完成情况。

4. 以小组为单位，认真讨论本小组市场渠道成员选择方案的可行性，对渠道成员选择方案进行改进，确保方案能够在后续学习任务中实施。（本项目的后续学习任务，将给予现在的调查方案）

【评分标准】

渠道成员选择方案书制定的小组评分标准

评分项目	项目满分	实际得分	评分备注
团队组建	10		
渠道成员选择目的、主题	20		
渠道成员选择内容	10		
渠道成员选择方法	10		
渠道设成员选择对象、范围	20		
渠道成员选择时限	10		
渠道成员选择设计报告	20		
合计	100		

调查方案书制定的个人评分标准，小组成员最终得分参考小组成员分工表进行评分。

小组成员分工表

组员姓名	应承担的任务	任务完成情况	加减分情况	实际得分
*组长				
组员1				
组员2				
组员3				

任务三　分销渠道的管理

【任务导入】

针对迪康药业公司的具体情况、产品结构和现有的分销渠道分析，确定了对于不同的产品系，采取不同的分销渠道的整体策略。具体来讲就是，①对于公司以安斯菲为拳头的新特药，采取以区域代理制为主的分销渠道模式；②对于其他普药，则采取经销制和总代理模式，并且通过持有其他分销渠道成员股份建立起管理式的垂直分销系统。迪康药业于2003年参股重庆医药32％的股份，从而强势介入了医药流通领域，以达到共同协商分销业务管理的目的。通过这种参股，共同协商销售管理业务包括销售促进，库存管理，定价，购销等活动。从而获得相对于其他与重庆医药有业务关系的制药企业的相对竞争优势；③对于迪康OTC品种，则通过成立四川和平医药有限责任公司，建立省内的连锁药店，从而建立了自建连锁药店的渠道模式。总之，迪康药业采取的是多渠道营销系统。

【任务阐述】

通过分销渠道策略的学习和研究，请根据迪康公司分销渠道现状，谈谈如果你是迪康公司的高层领导，如何进行的公司的渠道管理？

【相关知识与技能】

一、设定药品分销渠道管理目标

医药企业选定了某个药品营销分道方案后，就要着手建立分销渠道，实施对药品分销渠道的管理。渠道管理包括对药品中间商的选择、激励和控制等环节。药品分销渠道管理的目标主要是指在一定时期内，通过有效的药品渠道管理所要达到的目的。具体来说，有以下几个主要目标：

（一）货畅其流

药品是具有预防，治疗，诊断疾病的产品，其事关患者生命安全，身体健康。因此药品分销渠道管理的首要任务是：确保药品在渠道流通中的及时性和畅通性。货畅其流不仅是选择评价药品中间商经营实力与信誉的重要指标，更是药品分销渠道管理的重要目标。

（二）稳定价格

药品是收到国家宏观调控的特殊商品。药品的价格制定，除了确保药品生产，零售药店，药品经销商，医药代理商等机构的合理利润外，更需要维持在一个相对稳定的价格区间，以确保患者能够在自己的购买能力内，合适合理合宜的采购到需要的药品。

（三）市场推广

运用价格策略，产品策略，渠道策略，促销策略等一系列促销活动将药品或所提供的服务以及医药企业的信息与潜在顾客进行信息沟通，引发并刺激对药品企业及药品或所提供的服务产生兴趣、好感与信任，具体来说，市场推广预期目标如下：

1. 市场占有率目标

市场占有率指一定时期内，企业营销的药品在市场上的份额。他是反映企业营销能力的一项指标，与医药营销企业的规模和竞争力有关。

2. 利润额目标

利润额指医药企业分销活动能给企业带来的利润数量。利润额的多少反映了医药企业的经营状况，利润指标不仅是渠道管理的目标，也是医药企业经营活动的指标。

3. 销售增长额目标

药品销售增长额是企业发展状况的基本指标，反映分销效果与以往同期相比的增长情况。该指标与市场占有率指标密切相关，一般来说，医药市场的占有率提高了，商品的销售额也会增长。上述三个指标是密切联系的，都反映了企业发展的经济实力和竞争力。

二、激励渠道中间商

（一）对总代理、总经销进行促销激励

1. 药品年销售目标奖励

厂家事先设定一个销售目标，如果客户在规定的时间内达到了这个目标，则按事先的约定给予奖励。为兼顾不同客户的经销能力，可分设不同等级的销售目标，其奖励额度也逐渐递增，使中间商向更高销售目标冲刺。比如：医药批发商全年销售达到1万箱，在年底结算货款的基础上，厂家给予实际销量的3%作为奖励；达到2万箱并全部结清货款，则给予4%的奖励；不足1万箱者不给予奖励。此外，为批发商们提供实用工具的奖励，如货车、电脑、管理软件、人员培训等，则是一个帮助其提高竞争力的更具价值的支持。

2. 药品阶段性促销奖励

为了提高某一段时间内的药品销量量或实现销售绩效特定目标，厂家也会开展阶段性的药品促销奖励。如"在销售淡季期间为刺激药品批发商进货，给予一定的优惠奖励；或在某药品销售旺季来临之前采取这种促销，以得到最大的药品销售市场份额。

（二）对药品二级批发商进行促销激励

有实力的厂家除了对药品一级批发商设计了促销奖励外，还对药品二级批发商进行短期的阶段性促销，以加速产品的流通和分销能力。如医药公司在某片区市场曾对其药品二级批发商签定奖励合约，凡在规定时间内达到规定销量目标并拥有50家固定的药品零售客户，即可获得相应价值的奖品，这一激励策略使其药品得以较快的速度铺到了终端售点。当然，这样做也将药品渠道的竞争力度抬高了。

为避免阶段性促销可能带来的混乱，应尽量将药品销售奖励考核依据立足于"药

品实际销货量"，在活动开始时前对各批发商的库存量进行盘点，再加上活动期间的进货量，最终减去活动结束时留存的药品库存量，以此计算出该客户活动期间的药品实际销量。如，某一药品批发商活动前盘点存货为200箱，活动期间进货400箱，活动结束后盘点留存50箱，则他在活动期间实际销售了350箱。但有时该法并不能解决药品销售客户"转移"商品的行为，他们可能会以低价将药品抛售到未开展促销的市场上——"窜货"，这将直接导致市场上药品价格混乱，药品销售的厂家必须重视这个日趋严重的问题。

（三）对药品终端售点进行促销激励

除了要鼓励药品批发商的经销积极性，还应该激励药品零售商，增加他们进货、销货的积极性。如提供一定数额的药品进场费、货架费、堆箱陈列费、POP张贴费、人员促销费、店庆赞助、年终返利、商店DM的赞助等等。

为了吸引药品消费者的注意，还应借助于药品销售售点服务人员、营业员的主动推荐和推销，以达成并扩大顾客的购买数量。另外，有计划地把促销药品直接分配到各个零售店，一方面可将货源直接落实到终端售点，另一方面可以认为造成有限数量的促销气氛，也不失为一个策略性的措施。如"荷兰乳牛"曾经推出超值礼品装产品，不但价格优惠，包装精美，而且内含礼品，并且声明数量有限、按配额供应产品：A级店，可进产品8箱；B级店，可进产品4箱；C级店，可进产品2箱；D级店，可进产品一箱。上例中，"荷兰乳牛"人为地制造了促销装产品供货比较紧张的气氛，奇货可居的心理将驱使产品零售商重视厂家举行的推广活动。而且，通过销售人员将产品促销、产品铺货数量直接落实到各产品零售店，不但直接贯彻厂家促销运作，还能有效地掌控产品促销投入和产出的效果，这将比通过批发商推广产品更为有利。

（四）药品渠道激励三大法宝

1. 目标激励

这是一种最基本的营销激励形式。厂家每年都会给药品分销渠道成员制定（或协商制定）一个年度目标，包括销量目标、费用目标、市场占有目标等，完成目标之药品分销商将会获得相应的利益、地位以及药品营销渠道权力。所以，目标对于药品分销商来说，既是一种巨大的挑战，也是一种内在动力。在目标的制定方面，医药企业往往存在"失当"的问题，大多表现为目标过高的倾向，而过高或过低的渠道目标都不能达到有效营销激励的效果，过低了轻而易举，过高了遥不可及，都无法达到既定的激励效果。因此，要制定科学合理的药品营销渠道目标，又必须考虑营销实现目标的明确性、可衡量性、挑战性、激励性以及可实现性特征。

2. 渠道奖励

这是药品生产企业对药品分销商最为直接的激励方式。渠道奖励主要包括物质奖励和精神奖励。其中物质奖励是实质以金钱和利益为主体的激励模式，主要体现为药品营销渠道费用支持、药品价格优惠、年终返利、药品渠道促销等，这是渠道激励的基础手段和根本内容。而精神激励的作用也不可低估，因为经济基础决定上层建筑，上层建筑也反作用于经济基础，渠道成员同样有较高的精神需求。精神激励包括评优评奖、培训、旅游、"助销"、决策参与等，重在满足分销商成长的需要和精神的需求。

3. 工作设计

这是比较高级的激励模式。工作设计的原义是指把合适的人放到合适的位置，使他们工作愉快，人尽其才。这一思想用在医药营销渠道领域，则是指厂家合理划分医药营销渠道成员之经营区域（或渠道领域），授予独家（或特约）经营权，合理分配药品之品类，恰当树立和定位各医药营销渠道成员的角色和地位，互相尊重，平等互利，建立战略性合作伙伴关系，实现共进双赢。

三、分销渠道的评估与调整

考虑到药品渠道市场环境、消患者求变化及医药营销渠道长期运作中积淀的惰性等因素，厂家有必要对医药营销渠道进行定期或不定期的评估、调整。各药品区域市场的销售经理应密切关注本区域内各种因素的变化，及时反馈或采取相应的调整措施。

（一）渠道评估

医药营销渠道评估的内容包括医药营销渠道运作绩效评估；医药营销分销商绩效评估；医药营销渠道运作环境评估；医药营销渠道战略与战术评估。从厂家角度出发，对分销商进行绩效评估时主要包含以下因素的评价，见表6-1。

表6-1 分销商绩效评估指标体系

医药分销商的盈利能力	1. 医药分销商在上一年度是否完成即定的销售目标？ 2. 医药分销商是否已经成为或即将成为企业的主要收益来源？ 3. 医药分销商是否已经为厂家争取了一个较高的市场渗透率？
医药分销商的协作能力	医药分销商是否频繁地违反厂家达成的协议中的条款？
医药分销商的适应能力	1. 医药分销商是否对制造商的产品和服务有充分的了解？ 2. 医药分销商能否把握市场发展趋势，并及时调整自己的药品经营活动？
医药分销商的经营实力	1. 医药分销商是否具备开展本企业业务所要具备的经营素质？ 2. 判断为医药分销商服务的成本花费是否合理？ 3. 医药生产企业为支持分销同投入的时间、精力、人力数量是否已经使企业获利不足？ 4. 医药分销商是否有较强的创新能力？
医药分销商的竞争能力	1. 医药分销商和其下游成员是否对竞争者的产品和服务的了解？ 2. 医药分销商和其下游成员是否对竞争者的产品和服务有充分的了解？ 3. 下一年医药分销商能否为企业提供比其竞争性医药分销商更多的收益？
医药终端满意度	1. 医药企业是否经常收到医生、患者对该分销商的投诉？ 2. 分销商是否争取尽可能让客户满意？ 3. 分销商能否代表厂家向顾客提供良好的产品和服务支持？

（二）医药营销渠道调整

由于医药市场环境和医药企业内部条件等经常发生变化，所以对医药分销渠道的调整是必要的在对医药营销渠道进行综合评估之后，若发现现有渠道模式与企业和市场要求存在着差距，则应对医药渠道进行适当调整。例如，当患者的购买方式发生变化、市场扩大、新竞争者出现或产品进入衰退期时，医药生产企业就有必要对渠道进行改进。

1. 调整原因

当企业出现以下几种信号时，标志着医药企业分销渠道需要调整或更新。

（1）存在不满意的终端客户　不满意的终端通常难以觉察到，在医药行业这里就指的是医生或者患者，特别是当整个行业都经营不善、问题普遍存在时。例如在电脑行业，戴尔曾经选择电脑知识匮乏分销商销售产品，因此造成了很多不愉快的精力，吸收教训后才创造了电脑直接销售模式，开创了个人电脑销售业的神话。患者对药品分销系统要求越来越高，不合格的药品分销渠道将会使越来越多的终端消费者不满意。让终端患者满意，实现药尽其用，是对药品分销渠道的最低要求。

（2）有许多未被使用的医药分销渠道　新的医药分销渠道会给企业带来全新的患者期望值，并且可以重新定义医药分销成本或服务标准。由于我国医药消费者众多，并且医药消费水平参差不齐，任何单一的医药营销渠道都难以达到理想的效果，多医药营销渠道策略是提升业绩和降低费用的良好手段。"从一而终"的渠道策略必然使企业固步自封。不同的医药分销渠道服务于不同的细分市场，这就意味着如果企业放弃一种医药分销渠道，就有可能错过整个细分市场，造成市场覆盖中的空白。

目前我国市场的医药分销渠道已经逐步趋于完善，仅药品零售环节就有：大型药品零售商场、连锁药店、超市、量贩、便民店和大型仓储式超市等。事实上，医药企业很少能够系统和合理地利用如此丰富的医药营销渠道销售自己的产品。

（3）连续上升的渠道费用　忽视医药营销渠道成本意味着没有通盘考虑整个系统的竞争性，其实，最大、最重要的因素往往正是药品渠道管理。药品渠道改进创造的收益往往会大大超过企业内部成本削减或经营收入的提高。

（4）出现不思进取的药品中间商　在许多成熟的行业中，当厂家力争取得增长或面对竞争挑战时，那些不愿意主动去适应新市场，却收入颇丰且不思进取的分销商会成为企业的最大障碍。当药品中间商没有全力去扩大销量时，药品制造商的任何努力都会付之东流。中间的安于现状是以医药企业的损失和不利于终端为代价的。

2. 改进方式

（1）增减个别渠道成员　在考虑药品渠道改进时，通常会涉及到增加或减少某些药品分销商的问题。作这种决策通常需要进行直接增量分析，通过分析弄清增加或减少某药品渠道成员对制造商利润的影响。

（2）增减某些特定的渠道　医药企业应当经常考虑目前所使用的药品分销渠道是否仍然有效。医药企业可以借助于损益平衡分析与投资收益率分析来作增加或减少某些药品分销渠道的决策。改进整个药品渠道战略，创立一种全新的药品分销方式。这对区域市场和制造商全局影响巨大，也是难度和风险最大的渠道改进决策。

（3）调整分销方式　原来采用独家代理制，为了制约独家药品代理商，可适当增加药品代理商数目，将独家代理制调整为多家药品代理制。

（4）调整药品渠道政策　如药品价格政策、药品铺货政策、药品市场推广政策、信用额度政策、奖惩政策等。

（5）调整局部市场的渠道 根据市场结构的变化，可增加或减少该地区市场的药品营销渠道数量。

（6）更新整个分销渠道 为使目前的药品渠道模式脱胎换骨，需要新设计和布局。不过，只有当药品渠道遭受外部严重威胁或内部重大变化时方可做此调整。

3. 渠道调整程序

调整药品渠道的程序为：找出需要进行调整的原因；确定药品渠道调整的目标；明确药品渠道调整的幅度；选择药品分销渠道调整方式。

【任务实施】

1. 请同学们进行分组，要求每组3～4人，选派组长并根据【任务导入】情境，根据前面所学渠道设计内容，选择一种渠道作为本项目实施的依据。

（1）小组组建

组长：_____，任务分工：_____

组员：_____，任务分工：_____

_____，任务分工：_____

_____，任务分工：_____

（2）小组项目渠道选择

本小组选择的渠道为：_____

（3）渠道设计的选择

你们的渠道设计是：_____

渠道选择的功能是：_____

渠道选择的使用场合：_____

渠道有什么样的特点：_____

_____

其他信息：_____

2. 根据【任务导入】提供的情境及小组选择的渠道，通过小组讨论，明确下述内容。

第一步：设定分销渠道管理目标

（1）你们小组的分销渠道的目标是：_____

（2）确定的分销渠道的依据是：_____

（3）围绕分销渠道的选择，需要确定哪几个方面的具体目标（概括性内容）？

a. _____

b. _____

c. _____

第二步：激励中间商

a. 主要激励措施一_____

可能涉及的具体内容项目为：_____

b. 主要激励措施二＿＿＿＿＿＿＿＿＿＿＿＿＿＿＿＿

可能涉及的具体内容项目为：＿＿＿＿＿＿＿＿＿＿＿

c. 主要激励措施三＿＿＿＿＿＿＿＿＿＿＿＿＿＿＿＿

可能涉及的具体内容项目为：＿＿＿＿＿＿＿＿＿＿＿

d. 主要激励措施四＿＿＿＿＿＿＿＿＿＿＿＿＿＿＿＿

可能涉及的具体内容项目为：＿＿＿＿＿＿＿＿＿＿＿

e. 主要激励措施五＿＿＿＿＿＿＿＿＿＿＿＿＿＿＿＿

可能涉及的具体内容项目为：＿＿＿＿＿＿＿＿＿＿＿

第三步：分销渠道的评估与调整：

a. 分销渠道的盈利能力评估：

＿＿＿＿＿＿＿＿＿＿＿＿＿＿＿＿＿＿＿＿＿＿＿＿＿

b. 分销渠道的协作能力评估：

＿＿＿＿＿＿＿＿＿＿＿＿＿＿＿＿＿＿＿＿＿＿＿＿＿

c. 分销渠道的经营能力评估：

＿＿＿＿＿＿＿＿＿＿＿＿＿＿＿＿＿＿＿＿＿＿＿＿＿

d. 分销渠道的竞争能力评估：

＿＿＿＿＿＿＿＿＿＿＿＿＿＿＿＿＿＿＿＿＿＿＿＿＿

e. 终端满意度评估：

＿＿＿＿＿＿＿＿＿＿＿＿＿＿＿＿＿＿＿＿＿＿＿＿＿

调整方式一：＿＿＿＿＿＿＿＿＿＿＿＿＿＿＿＿＿＿＿

特点：＿＿＿＿＿＿＿＿＿＿＿＿＿＿＿＿＿＿＿＿＿＿

调整方式二：＿＿＿＿＿＿＿＿＿＿＿＿＿＿＿＿＿＿＿

特点：＿＿＿＿＿＿＿＿＿＿＿＿＿＿＿＿＿＿＿＿＿＿

调整方式三：＿＿＿＿＿＿＿＿＿＿＿＿＿＿＿＿＿＿＿

特点：＿＿＿＿＿＿＿＿＿＿＿＿＿＿＿＿＿＿＿＿＿＿

调整方式四：＿＿＿＿＿＿＿＿＿＿＿＿＿＿＿＿＿＿＿

特点：＿＿＿＿＿＿＿＿＿＿＿＿＿＿＿＿＿＿＿＿＿＿

＿＿＿＿＿＿＿＿＿＿＿＿＿＿＿＿＿＿＿＿＿＿＿＿＿

第四步：提交渠道管理报告

最终提交的调查报告内容包括：

＿＿＿＿＿＿＿＿＿＿＿＿＿＿＿＿＿＿＿＿＿＿＿＿＿

提交报告的形式为：＿＿＿＿＿＿＿＿＿＿＿＿＿＿＿

3. 请以小组为单位，根据选择的产品，设计并撰写、提交一份完整的市场调查方案书。调查方案书一律采用A4纸打印，格式要求：

（1）页边距：上2.5cm，下2.1cm，左2.5cm，右2.1cm

（2）正文字体为五号宋体字，行间距为20磅；标题为小四号宋体，加粗。

此外，在调查方案书中标明小组成员及本子项目的任务分工和完成情况。

4. 以小组为单位，认真讨论本小组市场渠道成员选择方案的可行性，对渠道成

员选择方案进行改进，确保方案能够在后续学习任务中实施。（本项目的后续学习任务，将给予现在的调查方案）

【评分标准】

渠道成员选择方案书制定的小组评分标准

评分项目	项目满分	实际得分	评分备注
团队组建	10		
渠道管理目标确定	10		
渠道管理激励方式确定	20		
渠道管理激励方式原因分析	10		
分销渠道的评估	20		
分销渠道的调整方式	10		
分销渠道的调整原因	20		
合计	100		

调查方案书制定的个人评分标准，小组成员最终得分参考小组成员分工表进行评分。

小组成员分工表

组员姓名	应承担的任务	任务完成情况	加减分情况	实际得分
*组长				
组员1				
组员2				
组员3				

项目 七 药品价格管理实务

项目目标

【知识目标】

熟悉国家药品价格管理政策，掌握企业药品自主定价方法。

【能力目标】

能够应用药品价格策略进行简单的定价。

任务一　药品定价方法

【任务导入】

某药厂通过市场调研发现，他们新上市的某药品销量不好，原因在于产品定价与产品特点、定位之间的关系未把握清楚，价格定高了，那么该厂是不是应该马上降价呢？降多少为宜呢？价格制定的时候究竟应该考虑哪些因素呢？请模拟一药厂自主定价药品，在成本导向定价法、竞争导向定价法、需求导向定价法中自选一种方法进行定价，并说明原因。

【任务阐述】

（1）首先明确什么是企业自主定价药品？

（2）然后区分成本导向定价法、竞争导向定价法、需求导向定价法的含义及适用范围

（3）为某药厂的某新药进行价格的重新制定并说明原因。

【相关知识与技能】

《药品管理法实施条例》规定：国家对药品价格实行政府定价、政府指导价或者市场调节价。列入国家基本医疗保险药品目录的药品以及国家基本医疗保险药品目录以外具有垄断性生产、经营的药品，实行政府定价或者政府指导价；对其他药品，实行市场调节价。

121

一、药品价格类型

一般来说，药品从生产企业出来后通常要经过批发、零售等环节，才能到消费者手中。药品每经过一个环节就是一次销售，就有了一个价格，这样就形成了药品出厂价、药品批发价、药品零售价等价格形式。其中药品零售价格是最重要的价格形式，国家价格主管部门主要通过限定药品最高零售价格来调控药品市场。

（一）药品出厂价

药品出厂价格，是指药品生产企业销售给药品流通企业或药品零售企业的价格。在中国境内生产的（含进口分包装）药品，出厂价格由制造成本、期间费用、利润和税金构成。药品出厂价是制定药品批发价、药品零售价的基础，同时也决定了药品批发价、药品零售价的价格水平。因此，药品出厂价制定合理与否，既关系到药品生产企业的经济效益，又关系到药品经营企业、医疗机构和广大消费者的切身利益。

（二）药品批发价

药品批发价是指药品批发企业向药品零售企业及医院、诊所批量销售时的药品价格。

为规范药品流通领域的购销活动，药品批发价的概念已逐渐淡化，取而代之的是药品实际购销价格，它在药品出厂价的基础上顺加一定差价形成。在药品价格类型中，它属于中间价格，在药品出厂价基础上形成，又是制定药品零售价的基础；恰当的药品购销价格有助于稳定零售药店、医疗机构的药品零售价格，维护和促进药品批发企业和零售企业的发展。

（三）药品零售价

药品零售价格，是指药品经营者将药品销售给消费者的价格。它是在药品批发价的基础上，顺加一定差价形成。药品零售价直接面对广大消费者，药品零售价直接关系到广大消费者和零售企业利益。

（四）药品差价

药品差价又叫药品流通差价，是药品在流通过程中形成的价格差额，一般来说就是指药品出厂价格和零售价格之间的差额。具体又可分成药品进销差价和药品批零差价两部分。

药品流通差价有流通差价额和流通差价率两种形式。流通差价率是指差价额占计算基价的百分比。其计算公式是：

$$流通差价率=流通差价额/计算基价 \times 100\%$$

如采用低价的出厂价格作为计算基价，其差率就称为加价率，简称顺加；如果采用高价的零售价格作为计算基价，其差率就称为折扣率或倒扣率，简称倒扣。

国家对实行政府定价的药品实行流通环节差价（率）控制，流通实际差价按照"低价高差率，高价低差率"，现行流通差价率出厂（口岸）价格从10档［500元以上统一差价率（额）］，减少到6档［2000元以上统一差价率（额）］。

1. 药品进销差价

又叫药品购销差价，属于药品流通差价的一部分，就是指药品批发商经营同一药品时的购进价格和销售价格之间的差额。通常是指药品出厂价和批发价之间的差额，见表7-1。其计算公式是：

药品进销差价=药品批发价-药品出厂价

表7-1 药品批发环节实际差价率控制标准

序号	出厂（口岸）价格	差价率（额）
1	10元以下	30%
2	10~40元	20%+1
3	40~200元	15%+3元
4	200~800元	10%+18元
5	800~2000元	8%+34元
6	2000元以上	194元

2. 药品批零差价

指同一药品的批发价格和零售价格之间的差额。通常在零售药店和医院、诊所等医疗机构销售药品过程中形成。

药品批零价可采用批零差价额和批零差价率两种形式表示。批零差价率又叫批零差率，是指批零差价额占批发价的百分比，见表7-2。其计算公式是：

批零差价率=批零差价额／批发价×100%

因此，医疗机构与零售药店在已知药品批发价格和最高批零差价率的情况下，可确定药品的最高零售价。其计算公式是：

零售价=批发价×（1+批零差价率）

表7-2 医疗机构销售环节实际差价率控制标准

序号	医疗机构购进价格	差价率（额）
1	10元以下	25%
2	10~40元	15%+1
3	40~200元	10%+3元
4	200~800元	8%+5元
5	800元以上	69元

例如：某医院从医药公司购进的六味地黄丸价格是6元/瓶，则：

最高零售价=6（元/瓶）×（1+25%）=7.5（元/瓶）

二、药品定价方法

为了使药品价格既受消费者认可又使企业满意且具有竞争力，企业在制定药品价格时应该从药品的生产成本、竞争者的价格及消费者的心理预期价格这三个方面着手。当然，企业为了生存和可持续发展，定价时还需要考虑到税收、企业利润等方面。一般来说，药品成本是其价格最低限，消费者心理预期价格是其价格的最高限。

企业对药品定价方法选择的正确与否，对于企业定价目标能否实现至关重要，目前，药品的定价方法主要有成本定价法、需求定价法和竞争定价法。

（一）成本定价法

成本定价法是最基本的定价方法，优点是简单易行，实际操作中常用的方法有如下三种：

1. 成本加成定价法

即以药品所有成本为基础，加上合理的利润来确定药品价格。该方法被制药企业广泛采用，适用于进入成熟期的药品。

计算公式：

$$单位药品价格=单位药品平均成本+单位药品预期利润$$

$$单位药品价格=（总成本+目标利润额）÷总产量$$

例1：某医药企业生产某种市场调节价药品，固定成本为50000元，变动成本为10000元，企业希望达到相对于成本的利润率为10%，预计该药品产量为6000件，则该药品单价为多少？

解：采用成本加成定价法定价，计算如下：

已知　固定总成本=50000元，变动总成本=10000元

因此　总成本=50000+10000=60000元

单位药品平均成本=60000÷6000=10元

预期利润=60000×10%=6000元

单位药品预期利润=6000÷6000=1元

单位药品价格=单位药品平均成本+单位药品预期利润=10+1=11元

2. 目标收益定价法

即企业在综合考虑成本、产量、企业投入和预期财务目标等因素基础上，制定的药品价格。此方法被一些上市医药公司采用，适用于新药及成长期药品。

计算公式：

$$单位药品价格=药品平均成本+（项目总投资×期望投资回报率）÷计划产量$$

$$单位药品价格=\{总成本+（项目总投资×期望投资回报率）\}÷计划产量$$

例2：某医药企业投资500000元建立新生产线，生产某种市场调节价药，固定成本为90000元，变动成本为30000元，企业预期投资回报率为10%，预计该药品产量为20000件，则该药品单价为多少？

解：采用目标收益定价法定价，计算如下：

已知　固定总成本=90000元，变动总成本=30000元

因此　总成本=90000+30000=120000元

单位药品平均成本=120000÷20000=6元

项目总投资=500000元

期望投资回报率=10%

单位药品价格=单位药品平均成本+（项目总投资×期望投资回报率）÷计划产量

＝6+（500000×10%）÷20000=8.5元

3. 收入平衡定价法

指企业为达到收支平衡，不得已忽略利润的定价方法。当药品进入衰退期时，为了减少亏损，企业会使用此种方法。计算公式是：

单位药品价格=药品平均成本+单位药品税金

单位药品价格=（总成本+总税金）÷计划产量

例3：如果某医药企业计划生产10000盒某药品的订单，企业的固定成本为300000元，变动成本为30000元，该批产品每盒药品税金为2.5元，则该药品单价为多少？

解：采用收支平衡定价法定价，计算如下：

已知　固定成本=300000元，变动成本=30000元

因此　总成本=300000+30000=330000元

　　　单位药品平均成本=330000÷10000=33元

　　　单位药品税金=2.5元

　　　单位药品价格=药品平均成本+单位药品税金=33+2.5=35.5元

（二）需求定价法

成本定价法是从企业自身角度出发而确定价格的方法，与之相对应，需求定价法主要取决于消费者的意愿。优点是价格易被消费者所接受，但不足是需要较多的市场调查数据、增加企业成本等。实际操作中常用的方法有：

1. 反向定价法

是指以市场需求为出发点，力求药品定价能被大多数消费者接受，这是需求定价法中最常见的一种定价方法，也是满意定价策略的具体做法。

计算公式：

单位药品定价=市场可销零售价-批零差价-进销差价

单位药品定价=市场可销零售价÷（1+批零差率）÷（1+进销差率）

2. 需求差异定价法

是将同样的药品以不同价格销售给市场上不同消费者。需求差异定价法包括以需求价格弹性变化定价和以市场环境差异定价。①以需求价格弹性变化定价：企业通常对需求价格弹性高的药品制定低价格，以低价策略换取较大销量，赢得较大市场份额，以增加企业盈利；对需求价格弹性低的药品制定高价，维持药品高利润，同样增加企业盈利。②以市场环境差异定价：企业可根据地区差异、时间差异和消费习惯差异制定同种药品的不同价格，如利用时间差异将清凉解暑药品在冬季降价进行促销；如利用消费习惯差异将滋补药品进行精包装，以数倍于普通包装的价格，进行销售，从而获取较高利润。

（三）竞争定价法

竞争定价法是以现行市场上主要竞争者的同类药品价格为标准定价。此法在中小医药企业中应用较广。实际操作中常用的方法有：

1. 随行就市定价法

是以市场主导企业药品定价为参考，让自己企业同类药品的价格向其看齐。优点是减少竞争对手之间的恶意杀价，保证中小医药企业的适当收益。

2. 投标定价法

是指医药企业在药品招标采购过程中，根据投标竞争的方式确定药品价格的方法。此法是近些年来药品生产企业对参加集中招标采购的药品所采用的定价方法。

【任务实施】

1. 请同学们进行分组，要求每组3~4人，选派组长并根据【任务导入】情境，选择一种药品作为本项目实施的依据。

（1）小组组建

组长：_____，任务分工：_____

组员：_____，任务分工：_____

_____，任务分工：_____

_____，任务分工：_____

（2）小组项目产品选择

本小组选择的项目产品为：_____

（3）项目产品的背景了解与产品认识

请通过互联网、图书馆或其他手段，了解有关项目产品的基本信息。

你们的产品是：_____

产品的功能是：_____

产品的使用场合：_____

产品有什么样的特点：_____

_____

其他信息：_____

2. 根据【任务导入】提供的情境及小组选择的产品，通过小组讨论，明确下述内容。

第一步：确定药品定价方法

_____

第二步：说明原因

_____

第三步：具体计算方法

_____

小组活动定价方案计划表

序号	工作与活动内容	参与人员	负责人	时间持续	备注

续表

序号	工作与活动内容	参与人员	负责人	时间持续	备注

注：可以根据本小组具体内容进行设计此表

【评分标准】

定价方案书制定的小组评分标准

评分项目	项目满分	实际得分	评分备注
定价药品选择恰当			
定价方法选择恰当			
定价方法使用恰当			
定价原因分析恰当			
其　它			
合　计			

小组成员分工表

组员姓名	应承担的任务	任务完成情况	加减分情况	实际得分

注：小组成员最终得分参考下列小组成员分工表进行评分。

任务二 药品定价策略

【任务导入】

请模拟一零售药店自主定价药品，在新药定价策略、心理定价策略、折扣定价策略中自选一种方法进行定价，并说明原因。

【任务阐述】

（1）首先明确什么是企业自主定价药品？
（2）然后区分新药定价策略、心理定价策略、折扣定价策略的含义及适用范围。
（3）为你们小组选择的药品确定一定价方法并说明原因。

【相关知识与技能】

一、新药定价策略

投入期价格策略也称为新药定价策略。新药在投放市场初期，由于消费者不了解，销量一般不高，新药定价合理与否，关系到该药能否顺利进入市场，能否在激烈的医药市场竞争中站稳脚跟，能否为企业带来较好经济效益，从而关系到企业的生存和可持续发展。因此，新药定价时须考虑药品本身性质、替代品情况、消费者购买习惯、药品需求弹性和发展趋势等。新药定价主要有以下几种方法。

（一）撇脂定价策略

撇脂定价策略是一种先高价后低价的定价策略。即在新药刚刚上市时，高价卖出以尽快收回投资，随着药品生命周期的转变，再分段降价。采用此种策略，可使医药企业在短期内获得尽可能多的经济效益。撇脂价格常常致使药品的价格阶梯式下降，随着生产能力的扩大和高收入市场需求的逐步饱和，企业一边降价，一边转而面向新的药品市场。与此同时，药品生命周期也向前推进。采取撇脂价格的这类药品必须具备独特性，竞争对手短期无法仿制，消费者对这类药品价格不太敏感等条件。此策略特别适用于差异化大、价格弹性小、以少量生产为对象的药品，如一、二类新药。

知识链接

某外资企业第三代头孢菌素推广活动

某外资企业在进入中国医药市场初始，国内尚无三代头孢类抗生素药物，外资企业以其广泛有力的宣传推广活动刺激市场需求，并以高价造声势，以数倍于原产地的价格快速占领感染性疾病的治疗市场，不但应用于严重的革兰阴性细菌感染的治疗，还占领了一部分的中度抗感染治疗市场，从而获取了最大的收益。

请问：该外资企业采用的是什么定价方法？该方法的利弊分别是什么？

（二）渗透定价策略

渗透定价策略跟撇脂定价策略正好相反，采取先低价投放市场，然后涨价的策略。即在新药进入市场的初期，将价格定的尽可能低，有微利或保本无利润，用最快的速度渗透进入医药市场，取得市场支配地位，阻止竞争对手进入，待打开销路后再逐步涨价，所以也称做"侵入市场定价法"。此方法的目的是为了同现有药品竞争，通过低价格吸引购买者，从而迅速进入医药市场，获得最高的医药市场占有率，走在竞争对手前面，建立本企业在药品品牌、数量上的优势。此种策略多用于仿制药、三、四类新药的定价。

渗透定价策略优点是：可使药品迅速打开销路，扩大医药市场占有率，由于价低利微而使一些企业望而却步，因此还可减少竞争对手。缺点是：此策略定价过低，不利于医药企业尽快收回投资，甚至会使消费者怀疑药品质量。当药品在医药市场上地位巩固后，也不容易成功地提价。

知识链接

❀ 葛兰素史克公司新药贺普汀中国市场推广 ❀

由于以研发为基础的跨国医药企业在药品开发上的投入很大，很少有企业以低价格、高促销的渗透定价战略将药品推向市场，但葛兰素史克公司在中国市场推出治疗乙肝的新药贺普汀时所采用的价格策略就是渗透定价。

请分析葛兰素史克公司在中国市场推出治疗乙肝的新药贺普汀采用渗透定价的可能原因。

（三）满意定价策略

满意定价策略是介于渗透定价策略和撇脂定价策略之间的一种中间价格策略，对药品既不利用市场上需求高的有利条件制定高价，也不从对付竞争者的角度考虑制定低价，而是制定能获得"满意"利润的价格。这种价格使厂商、消费者、竞争者三方都比较满意，因此也称为"平价销售策略"。一些企业对新药采用这一策略。具体做法是：通过市场调研或征询分销商的意见，估计消费者能够接受的零售价格，然后推算出厂价。对于医药行业来说，政府政策的指导方向在于：既使消费者感到满意而能够接受，又使生产企业获得一定利润，同时不会过多刺激竞争对手。

例：民生药业"21金维他"作为国内首个多维元素类OTC药品，1984年上世，苦心经营10多年，年销量一直未过亿，2001年民生药业管理高层启动了"21金维他"的新运作模式：积极进行市场调研，广泛征求分销商和消费者意见，在确保一定利润的基础上，采取颇具竞争力的满意定价策略。一年后，"21金维他"全年销售达一亿五千万，增长了80%。

二、折扣与让价策略

在市场经济活动中，为了吸引消费者的购买，促进医药商业企业和医疗单位更多地销售企业的药品，可以采用折扣和让价这样的特殊的降价形式。这样，通过在原价格基础上给予购买者特定的价格优惠，可以调动中间商和消费者购买积极性。

1. 现金折扣

是对支付账款快速的购买者，根据提前程度给予不一样的折扣。例如，某种药品账款要求在50天内付清，提前15天给予3%的折扣，提前30天给予5%的折扣。这种折扣方式目前在国内外许多企业都比较盛行。在企业之间相互拖欠货款比较严重情况下，实行现金折扣策略有助于改善企业现金流动性，降低收款的成本及呆账风险。

2. 数量折扣

是企业对购买数量大的客户给予价格优惠。例如，一定时期内购买数量累计达到20万件，给予20%的优惠；或者一次性购买金额达到100万元，给予10%的优惠。这种策略可以鼓励客户大量购买，以减少库存，加速资金回笼，同时也可增加销量和盈利。

3. 贸易折扣

药品生产企业可以根据各类中间商在药品市场营销中担负的功能不同给予不同折扣。一般情况下，药品生产企业给予药品批发企业的折扣大于药品零售企业，给予较大规模零售商的折扣大于较小规模的零售商的。

4. 季节折扣

在淡季购买药品的客户享受到的优惠价格就是季节折扣。季节折扣策略可以促使客户提前规划，提早进货，减轻医药企业的资金和仓储压力。例如，一些特殊的季节性药品（如防暑药、感冒药等）就可以采用此策略，见图7-1。

图7-1 可采用季节折扣的药品

三、心理定价策略

心理定价策略大多用于药品零售环节，主要根据消费心理学原理，针对各种类型的消费者在购买过程中的心理状态不同，来制定药品价格的一种策略。以下介绍三种常用的心理定价策略。

（一）尾数定价策略

又叫零头定价，即针对消费者求的求廉心里，定价时在整数价格的基础上降低一点变成零头价格。如某一药品零售价格定为9.8元，消费者看到价格不满10元，处于10

元以下档次，给人以便宜感，促使消费者产生购买欲望。尾数定价法一般适用于价格需求弹性大的普通药品零售价格制定，见图7-2。

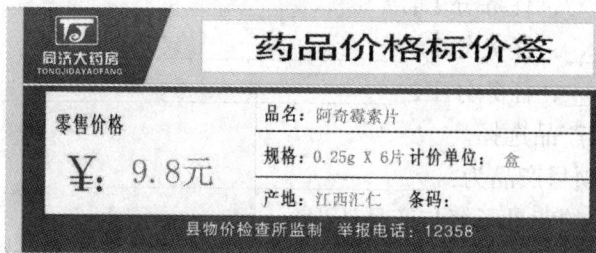

图7-2 尾数定价策略药品价格标签

（二）声望定价策略

针对消费者"价高质必优"、"一分钱一分货"的心理，对广大消费者心目中已形成品牌效应的部分药品制定较高价格的一种定价策略。

声望定价策略迎合了消费者按质论价和显示炫耀的心理，因为药品声望和信用高，消费者也愿意支付较高的价格购买。一般适用于知名制药企业的品牌药品价格的制定。

（三）最小单位定价策略

同样价格采取不同的标价单位，对消费者的心理会产生影响；一般来说，用较小的单位标价，会给消费者以便宜的感觉。如某注射小水针，包装规格为8支/盒，过去采用每盒48元定价，后改用每支6元定价后更容易被消费者接受。

四、营销组合定价策略

为了避免药品单一化而引起周期性经营危机，医药企业通常会采取多元化、多品种的生产经营模式，而这些药品品种之间往往具有互为补充或相互代替的相关性。

所谓营销组合定价，是指企业从全局出发，对相关联产品根据使用特性等不同而制定不同的价格，以促进各种产品的整体销售水平。

对于具有互补关系的组合产品，常用的做法是将价值比较高、购买频率少、使用时间长的主要产品价格定低一些，而将配套使用的购买频率多、价值比较低的辅助产品价格定高一些，从而使企业获得长远和整体利益。

有替代关系的组合产品，新产品的定价高低会直接影响老产品的销量，为正相关关系；即新产品的价格如果定得较高，老产品的销量就会增加，老产品市场生命周期可能会延长；反之则老产品销量减少且有可能被淘汰出市场。所以，企业在制定有替代关系新老组合的产品价格时，应考虑新产品和被替代老产品之间的合理价格比，通过调整新老互替产品之间价格比例，利用新产品提价来促进被替代老产品的销售。

【任务实施】

1. 请同学们进行分组，要求每组3～4人，选派组长并根据【任务导入】情境，选择一种药品作为本项目实施的依据。

（1）小组组建

组长：_____，任务分工：_____

组员：_____，任务分工：_____

　　　　_____，任务分工：_____

　　　　_____，任务分工：_____

（2）小组项目产品选择

本小组选择的项目产品为：_____

（3）项目产品的背景了解与产品认识

请通过互联网、图书馆或其他手段，了解有关项目产品的基本信息。

你们的产品是：_____

产品的功能是：_____

产品的使用场合：_____

产品有什么样的特点：_____

_____

其他信息：_____

2. 根据【任务导入】提供的情境及小组选择的产品，通过小组讨论，明确下述内容。

第一步：确定药品定价策略

_____

第二步：说明原因

_____

第三步：具体方法

_____

小组活动定价策略方案计划表

序号	工作与活动内容	参与人员	负责人	时间持续	备注

注：可以根据本小组具体内容进行设计此表

【评分标准】

定价方案书制定的小组评分标准

评分项目	项目满分	实际得分	评分备注
定价药品选择恰当			
定价策略选择恰当			
定价策略使用恰当			
选择原因分析恰当			
其　　他			
合　　计			

小组成员分工表

组员姓名	应承担的任务	任务完成情况	加减分情况	实际得分

注：小组成员最终得分参考下列小组成员分工表进行评分

项目 八 药品市场沟通实务

项目目标

【知识要求】

掌握医药企业促销目标和手段，熟悉促销组合应考虑的因素。

【能力要求】

能够学会常见的促销手段；学会营销方案的设计。

任务一 药品促销方案设计

一、促销

（一）促销的含义和作用

1. 促销的含义

促销是企业通过人员和非人员的形式向消费者传递产品信息、引发并刺激消费者购买的一系列活动的总称。

市场经济的飞速发展使促销在市场营销中扮演着重要的角色，它可以帮助企业达到以下目的：清理积压产品、维持市场占有率、新产品上市的顺利推广、增加产品的销量、抵抗竞争产品等，是生产者与消费者之间的信息沟通。

我们可以从以下几个方面理解促销活动：

（1）促销活动是在企业与目标顾客之间进行的。

（2）促销的要素是信息、说服与沟通，所以说促销是一种说服性的信息交流、沟通活动。促销在于把产品及相关信息传播给目标顾客的同时，试图在目标顾客中唤起促销者预期的意念，使之形成对产品的正面反应，促销活动的目的在于影响目标顾客的行为与态度。

（3）促销的本质是沟通信息、赢得信任、激发需求、促使其购买与消费。

> **知识链接**
>
> ### 净水器的展销
>
> 福州人来人往的国际会展中心，正举行着一场大型嘉年华活动，许多商家在其中大秀商技。其中最引人注目的就是LS净水器的展台，好不热闹！只见有两个姿色迷人的美女穿着泳衣坐在浴缸之中，享受淋浴的快乐，美女洗过的水沿着管道到一个玻璃缸中。这些水在滋润过美女之后，自然谈不上什么清澈，接着这些水通过了立升的一个净水器，然后又兵分两路，一路回到了那个淋浴头，一路则是进入了一个饮水器。美女用水杯接住净化过的水，一饮而尽，令人惊叹，原来觉得可能有细菌的一些观众，此刻纷纷效仿，接过工作人员递上的净化水，一饮而尽。有些参观者虽然还是不敢喝这些"美女身下"的水，但总算是大饱眼福，牢牢记住了LS这个净水器品牌。
>
> 这就是促销的力量：即使不能立即转化为购买行为，但也起到了很好的宣传品牌、沟通信息的作用。

2. 促销的作用

促销的基本目的是改变一个公司产品的需求曲线的形状。通过运用促销，一个公司有希望在一定价格的条件下，增加某种产品的销售量；并希望促销会影响产品的需求弹性。促销的目的在于：当价格提高时使需求无弹性，当价格降低时使需求有弹性。"

具体而言，促销的作用包括以下几方面：

（1）有助于沟通信息，消除生产者和消费者之间由于时空和信息的分离引起的矛盾，加速产品进入市场的进程。

"酒香不怕巷子深"、"皇帝女儿不愁嫁"的时代已经结束，在市场经济条件下，沟通信息已成为争取顾客的重要环节。它是新产品进入市场的前导。促销不仅密切了生产者、经营者、消费者之间的关系，也加强了分销渠道中各个环节之间的协作。

（2）有助于刺激和创造需求，稳定和扩大市场占有率。

有效的促销活动不仅能诱导和激发需求，而且能在一定条件下创造需求。它能在需求潜伏时起催化作用；在需求波动时起导向作用；在需求萎缩时起刺激作用。在市场波动增强的情况下，促销有助于树立企业形象，扩大企业从其产品的知名度和美誉度，稳定乃至扩大企业产品的市场占有率。

（3）有助于突出企业和产品特色。

企业通过促销可突出自己的产品和服务，便于消费者了解和识别，使其在做购买决策时做出有利于企业的决定。

（4）有助于带动关联产品的销售。

美国的尼尔逊调查公司发现支持某品牌餐桌用糖蜜的促销活动，这对薄烤饼粉料整个类别产生影响。两种产品类别第一周中的指数都在100，经过连续八周的分析后，会看到相似的趋势线的方向。在这一时期，并没有对薄烤饼粉料广品类别做主要的推广，然而第五周与第一周相比，烤饼粉料的销售高了67%。

知识链接

⌘ 四两拨千斤 ⌘

世界著名的LPD茶叶公司为了使自己的产品迅速打进市场，在开业伊始别出心裁地举办了一次精彩的表演，他们买来几头小猪，用缎带给它们精心打扮，并插上"我要去LPD市场"字样的标语，然后赶着它们穿过闹市，引起众人的注意，达到家喻户晓的目的。

做广告需要花重金，但若匠心独运，也能四两拨千斤，用最少的钱让广告有声有色。茶叶公司与猪，风马牛不相及，经公司公关人员策划、牵线搭桥，小猪成了促销功臣，企业也借此腾飞。

相比之下，我们有些企业至今仍守着传统的管销模式，促销方式习惯跟着感觉走，以致推出的促销方式不是步人后尘，就是偏离了市场，结果普遍感到竞争激烈，生意难做。

在当今的市场竞争中，除了商品质量和销售价格的竞争之外，营销策略也是一种竞争手段。如何以较少的投入获得轰动效果，已成为许多商家参与竞争、吸引顾客又一热点。聪明的经营者不妨从LPD茶叶公司促销成功的经验中得到一些启迪，针对不同层次消费需求，出一些别出心裁的促销妙招，从而迅速达到销售目的。

3. 常见的几种促销手段

促销的手段多种多样，经常采用以下几种方式：

（1）依靠政府，借势造势。

所谓依靠政府是因为政府承担着整体市场走向的责任，具有强大的组织力和影响力。所以，借助政府这条大船出海是走向市场的捷径。

（2）借助媒体，广示天下。

现代社会是一个信息社会，信息的载体是传播媒体，包括电视、电影、报纸、杂志、广告等，这些媒体已经成为大众时刻关注的焦点，成为信息来源的渠道。借助媒体，可以广示天下，迅速扩大自己的知名度。

（3）口号开路，形象导入。

形象宣传已经成为现代营销的重要策略。树立形象，传播形象是一个企业乃至一个地区、一个城市需要十分注重的促销方式。用简洁、明快的语言或图形，浓缩自己的形象，更容易最快进入市场对象的脑海，成为市场对象的选择。

（4）区域联合，携手促销。

有时候，一个地区或某一个企业，孤军奋战会显得势单力薄，也缺少某种信任度，区域联合对市场的吸引力无形中会加大，而一个地区或一个企业在区域联合中会得到整体优势所带来的巨大利益。

（5）科技领先，网络推广。

现代科技极大地影响着我们的生活，科技进步也给旅游业的发展注入了新的活力。网络促销已经成为世界范围内的最热的或者说上升速度最快的促销手段。借助科技，实行网络促销，各个企业，各个地区都应该认真研究，迅速跟上时代的步伐。

（6）举办活动，集中宣传。

现在各地或者各个企业都在研究举办各种活动，包括文体活动、美食活动、康体活动、展示活动等。这些活动有些是大型活动，也有些是企业自己组织的小型活动，无论哪种活动都是集中宣传自己的好机会。当然，活动要准备充分，内容要新颖独特，形式要健康活泼，这样才能成定期的，其影响会更大。

（7）关注名人，借名扬名。

名人一般是指那些社会上的成功者，他们的影响相对普通人要大得多。名人也会产生一些特殊的吸引力，借助名人是某企业、某地区很好的宣传自己的方法。

（8）行业联手，组合产品。

例如旅游是多行业组成的产业，一个企业不可能完完全全囊括全部的旅游要素，不可能满足旅游者的全部要求。因此，必须把分散的要素组合成产品，使产品具有较强的市场竞争力。在市场上，产品的作用远远大于某个企业的作用，旅游者在选择企业时，有可能更多地从产品的角度出发，使自己的需求得到最充分的满足。

（9）全员促销，突出能力。

科技进步不可能完全抹煞人的作用，科技也需要人来掌握，更何况旅游促销常常有情感的因素，而情感是通过人与人之间的交流才得以巩固发展的。所以在促销中，现在仍然要强调个人的能力，有一支好的促销队伍，甚至达到全员促销的良好状态，对企业发展、对企业走向市场至关重要。

（10）提高质量，重视口碑。

任何促销都是在服务质量，包括软件质量和硬件质量得到基本保证上的对外活动。促销不是骗人上当，也不是一锤子买卖，所以，必须有一个服务质量的基本保障。这种保障是促销强有力的支撑点，是形成良好口碑的支撑点。有良好的口碑，就会有回头客，就会有越来越亲的熟客。

二、确定促销组合应考虑的因素

（一）促销组合的概念

促销组合就是把人员推销、广告、营业推广、公共关系等各种不同的促销方式有目的、有计划地结合起来并加以综合运用，以达到特定的促销目标。促销组合较之单一的促销方式而言，其促销范围和效果更佳。

（二）确定促销组合

确定促销组合策略应考虑以下几个方面的因素：

1. 促销目标

促销目标是指企业促销活动所要达到的目的。促销目标不同，其促销组合策略也不同：

（1）提高产品知名度、则促销组合应重点放在广告辅以公共关系宣传；

（2）帮助顾客了解商品。

（3）立即取得推销效果。

2. 商品性质

不同性质的商品，应采取不同的促销组合策略。一般而言，广告一直是消费品市场的主要促销工具；人员推销则是产业用品（生产资料）市场的主要促销工具；而营业推广对这两类市场同等重要。

3. 商品生命周期

商品生命周期根据阶段不同，促销目标也不同，因而要相应选择、匹配不同的促销组合。

（1）在投入期，多数顾客对新商品不了解，促销目标是使顾客认知商品，应主要采用广告宣传介绍商品，选派推销人员深入特定顾客群详细介绍商品，并采取展销、示范等方法刺激顾客购买；

（2）在成长期，促销目标是吸引顾客购买，培养品牌偏好，继续提高市场占有率，仍然可以广告为主，但广告内容应突出宣传品牌和商品特色；

（3）在成熟期，促销目标是战胜竞争对手、巩固现有市场地位，要综合运用促销组合各要素，广告应以提示性广告为主并辅之以公共关系宣传相营业推广，以提高企业和企业商品的声誉；

（4）在衰退期，应把促销规模降到最低限度，以保证一定的利润水平，可采用各种营业推广方式来优惠出售各种存货，尽快处理库存。

以上各期采用的促销组合策略归结为下表8-1。

表8-1　商品生命周期各阶段促销组合策略一览表

商品生命周期	促销重点目标	主要促销组合方式
投入期	认识了解商品	各种广告，人员推销
成长期	增进兴趣，产生偏爱	改变广告形式，突出宣传品牌
成熟期	增加偏爱与信任，巩固市场地位	广告，公共关系
衰退期	维持一定的利润水平	营业推广

4. 市场性质

不同的市场由于其规模、类型、潜在顾客数量的不同，应该采用不同的促销组合。

（1）在规模大、地域广的市场，应多以广告为主，辅之以公共关系宣传；反之，则应以人员推销为主。

（2）消费品市场购买者众多，零星分散，应以广告为主，辅之以营业推广、公共关系宣传。

（3）生产资料市场用户少，购买批量大，产品技术性强，则应以人员推销为主，辅之以营业推广、广告和公共关系宣传。

（4）市场潜在顾客数量多，应采用广告促销，有利于开发需求；反之，则应采用人员推销，有利于深入接触顾客，促成交易。

5. 商品价格

一般而言，低价消费品多采用人员促销；高价消费品不仅采用人员促销，而且使用广告促销方式，扩大产品的知名度和消费人群规模。

6. 促销策略

企业采用"推"式策略还是采用"拉"式策略进行促销，对促销组合也有较大的影响。"推"式策略是指利用推销人员和中间商把商品推销给顾客。"拉"式策略是指企业针对最终用户，利用广告、公共关系等促销方式，激发消费需求，经过反复强烈的刺激，顾客将向零售商指名购买该商品，零售商则向批发商指名采购这种商品，而批发商必然向生产企业要货，生产企业的产品就这样被拉进销售渠道。

7. 促销预算

企业采用什么样的促销方式，往往受促销预算费用的制约。如果预算较少，自然不能采用费用昂贵的电视广告，可考虑采用其他媒体广告，或依赖公共关系和人员推销，也可使用直接邮寄商品目录、商品说明书、订单等促销方式。对于某些小企业，特别是潜在顾客不多的小企业，使用直接邮寄，常常会收到较好的促销效果。企业在满足促销目标的前提下，所采用的促销组合要努力达到效果好而费用省的目标。

知识链接

咖喱粉公司的妙招

日本有一家S公司，由于企业知名度太低，产品滞销，公司入不敷出，濒临破产。新上任的总裁却出人意料地制造了一场耸人听闻的"危机"，利用日本人对富士山的特殊感情使企业扬名。引发危机的是公司为滞销的咖喱粉推出的广告："富士山将旧貌变新颜了。本公将雇数架飞机，把满载的黄色咖喱粉撒在雪白的富士山山顶上。后时，人们将会看到一个金顶的富士山。"这犹如水滴油锅、火烧城门、瞬时舆论哗然，斥责蜂起：富士山是日本的象征、不是某家企业的私有财产，岂容随意改头换面！还有人强烈抗议，要对这种非法行为提出申诉。各种斥责、抗议正中策划者下怀，几天之后，公司在报纸上公开束态："本公司原意在于美化富士山，如今考虑到社会的强烈反对，决定撤销计划。"于是峰回路转，众怒平息，生活又回到了原来的轨道。而S公司却通过这次危机大出风头，精彩扬名。广大公众不仅知道了S公司，对公司的咖喱粉也产生了"不打不相识"的微妙心理，从而争相购买，公司从此走上坦途。

【任务实施】

1. 实训项目

要求学生自行组建团队，各团队任选所在地的某一药店的任一产品，为其选择促销方式，并说明其可行性：

组长：_____，分工：_____

组员：_____，分工：_____

_____，分工：_____

_____，分工：_____

_____，分工：_____

2. 实训目标

（1）能对企业的销售促进策略进行分析；产品，调查、分析：

（2）能根据企业的产品销售目标和企业实力状况恰当选择销售促进方式：

3. 项目实施过程

（1）教师组织引导，学生讨论各种销售促进方式的优劣性及适用对象：

（2）要求学生以团队为单位，任选一熟悉的产品：

（3）在调查、分析市场环境的基础上，各团队为其选择促销方式并说明其可行性：

4. 实训考核

（1）了解、搜集信息的能力及自主学习能力（30%）；

（2）项目工作完成的合理性、逻辑性、可行性（50%）；

（3）团队成员的协作性（20%）。

任务二　药品营业推广方案设计

营业推广又称销售促进，是指企业在短期内为了刺激需求而进行的各种促销活动。这些活动可以诱发消费者大量的购买，从而促进企业产品销售的迅速增长；营业推广对促进销售的效果显著，为此它是促销组合的重要方式，是促销策略研究的重点。

一、营业推广的特点

（一）刺激性

营业推广是直接面向顾客开展的短期特殊促销措施，容易使顾客有一种意外的惊喜，从而在顾客心理上产生较强的诱惑力。例如推行优惠价销售，会使一部分原来不准备购买的顾客成为购买者。

（二）灵活性

营业推广有各种各样的方式，营销者根据市场情况的变化灵活决定采用适当的方式进行促销。

（三）娱乐性

有些营销推广不仅是展示产品，也是渲染某种气氛，引起人们的乐趣，使受益者很快变为义务宣传员。如某餐馆最新试制出一道美味佳肴，在众多顾客就席期间，由餐馆老板向顾客宣布了这道美味的配制和特点，希望大家品尝后多提意见，紧接着服务员就将这种菜肴分送到每张席桌上，供大家无偿品尝，大家品尝后对这道菜赞不绝口。后来这道菜成为许多顾客争相抢点的菜肴。

二、营业推广的方式

根据目标市场的不同，企业营业推广可分为面向消费者、面向中间商、面向企业内部员工的推广，三种推广方式有着不同的促销方式。

（一）面向消费者的营业推广方式

面向消费者的营业推广主要作用包括：鼓励老顾客继续使用；促进新顾客使用；培养竞争对手顾客对本企业的偏爱等。其方法可以采用：

（1）赠送促销　向消费者赠送样品或试用品。赠送样品是介绍新产品最有效的方法。缺点是费用高；样品可以选择在商店或闹市区散发，在其他产品中附送，也可以公开广告赠送等等。

（2）折价券　在购买一种商品时，持券可以免付一定金额的钱。折价券可以通过广告或直邮的方式发送。

（3）包装促销　以较优惠的价格提供组合包装和搭配包装的产品。

（4）抽奖促销　顾客购买一定的产品之后可获得抽奖券，凭券进行抽奖获得奖品或奖金。抽奖可以有各种形式。

（5）现场演示　企业派促销员在销售现场演示本企业的产品，向消费者介绍产品的特点、用途和使用方法等。

（6）联合推广　企业与零售商联合促销，将一些能显示企业优势和特征的产品在商场集中陈列，边展销边销售。

（7）参与促销　通过消费者参与各种促销活动，如技能竞赛、知识比赛等活动，能获取企业的奖励，从而激发消费者兴趣，促进其购买行为。

（8）会议促销　通过各类展销会、博览会、业务洽谈会期间的各种现场进行产品介绍、推广和销售活动。

（二）面向中间商的营业推广方式

主要目的是鼓励中间商积极进货和推销，引导零售商扩大经营。常用的方式有：

（1）推广津贴　企业为促使中间商购进企业产品并帮助企业推销产品，可以支付中间商一定的推广津贴。

（2）销售竞赛　根据各个中间商销售本企业产品的实绩，分别给优胜者以不同的奖励，如现金奖、实物奖、免费旅游、度假奖等，以起到激励的作用。

（3）扶持零售商　生产商对零售份专柜的装潢以资助，提供POP广告，以强化零件网络，促使销售额增加；可派遣厂方信息员或代培销售人员。生产商这样做的目的是提高中间商推销本企业产品的积极性和能力。

（三）面对内部员工的营业推广方式

主要是针对企业内部的销售人员，鼓励他们热情推销产品或处理某些老产品，或促使他们积极开拓新市场。一般可采用方法有：销售竞赛、免费提供人员培训、技术指导等形式。

三、营业推广的作用

（一）吸引消费者购买

这是营业推广的首要目的。尤其是在推出新产品时，采用营业推广较易吸引顾客的注意力，使新顾客在了解产品的基础上采取购买行为，也可能使老顾客为追求优惠而购买产品。

（二）奖励品牌忠实者

因为营业推广的很多手段，例如销售奖励、赠券等通常都附带价格上的让步，其直接受惠者大多是经常使用本品牌产品的顾客，从而使他们更乐于购买和使用本企业产品，以巩固企业的市场占有率。

（三）更好地实现企业有效目标

这是企业的最终目的。营业推广实际上是企业让利于购买者，它可以使广告宣传的效果得到有效的增强，增加消费者对本企业产品的品牌忠诚度，从而达到企业产品销售目的。

但是，营业推广具有影响面较小，刺激强烈、但时效较短的特征。

如过分渲染或长期频繁使用，容易使顾客对其产生疑虑，反而对产品或价格的真实性产生怀疑。为此企业要合理使用营业推广促销工具，既要有效地发挥它的作用，又要避免它的负面影响。

知识链接

❧ 成功的营业推广 ❧

美国雪佛莱汽车厂积压了一批1986年生产的"托罗纳多"轿车，导致资金周转不灵，库存费用增大，工厂处于倒闭的边缘。该厂管理层检讨了企业管理方面的问题后，决定"买一送一"，即凡是买走一辆托罗纳多轿车的人即可开走一辆南方牌轿车，使得原本"门前冷落车马稀"的营销部门一下子变得门庭若市，积压轿车被一售而空。

四、营业推广方案的设计

在企业促销活动中，一个有效的营业推广方案一般要考虑以下因素：

（一）确定推广对象

推广对象不同、其购买决策的影响因素也不同，因此，应针对性地制定不同的推广方案。

（二）选择推广方式

营业推广的方式方法很多，但如果使用不当，则适得其反。因此，选择合适的推广工具是取得营业推广效果的关键因素。企业一般要根据目标对象的接受习惯和产品特点，目标市场状况等来综合分析选择推广工具。

（三）推广的配合安排

营业推广要与营销沟通其他方式如广告、人员销售等整合起来，相互配合而形成营销推广期间的更大声势，取得单项推广活动达不到的效果。

（四）确定推广时机

营业推广的市场时机选择很重要，如季节性产品、节日、礼仪产品，必须在季节前做营业推广，否则就会错过了时机。

（五）确定推广时间

即营业推广活动持续时间的长短。推广时间要恰当，过长，消费者新鲜感丧失；过短，消费者还来不及接受营业推广的实惠。

【任务实施】

1. 实训项目

带领学生到当地企业销售促进方案。

2. 实训目标

参与到企业产品的销售促进活动的全过程，①能够为医药企业制订科学的销售促进方案；②能为企业选择合适的销售促进效果评估方法。

3. 项目实施过程

（1）要求学生以团队为单位，出团队负责人组织本团队成员讨论产品；

组长：_____，分工：_____

组员：_____，分工：_____

_____，分工：_____

_____，分工：_____

_____，分工：_____

（2）各团队为自己所选产品制订销售促进方案；

_____

（3）在课堂上以团队为单位进行发言，说明自己所制订的销售促进方案并接受其他团队成员的提问：

_____

4. 实训考核

（1）了解、搜集信息的能力及自主学习能力（30%）；

（2）项目工作完成的合理性、逻辑性、可行性（50%）；

（3）团队成员的协作性（20%）。

任务三 药品广告方案设计

一、广告的概念与特点

（一）广告的概念

广告有广义和狭义之分。广义的广告包括营利性广告（商业广告）和非营利性广告（公益广告）。狭义的广告专指商业广告，就是广告客户以付费的方式，有计划地通过大众传播媒体向选定的目标市场受众传递特定的商品、服务或观念的信息，以期产生影响大众行动的信息传播活动。

（二）广告促销的优缺点

广告是现代企业促销组合中受到普遍重视和应用的促销方式，在现代市场营销中的地位愈来愈引人注目，与其他促销方式相比，广告这种促销方式既有自身的优点，又有某些不足。

1. 广告的优点

（1）传播面广　广告是借助大众媒体传播信息的，它的公众性和普及性赋予广告突出的"广而告之"的优点。广告客户可以通过电视、报纸、广播、杂志等大众媒介在短期内迅速地将其信息告之众多的目标消费者和社会公众，这是人员推销等其他促销方式与之无法比拟的。

（2）传递速度快　广告是利用大众媒体快速传递产品信息的一种传播途径。它能使广告客户发布的信息在很短的时间内传达给目标消费者。因此，在现代信息化社会，它是一种富有效率的促销方式。

（3）表现力强　广告是一种富有表现力的信息传递方式。它可以借助各种艺术形式、手段与技巧，提供将一个企业及其产品感情化、性格化、戏剧化的表现机会，增强其产品说服力与吸引力。

2. 广告的缺点

广告的主要缺点是：作为一种非人际化的沟通方式，其沟通效果不像人员推销那样使消费者直接完成行为反应，多数媒体的广告是一种单向的信息传递或单向沟通。另外，从广告播出到引起消费者购买行为之间往往存在时间差，因此，促销的及时性较差，消费者将在这一段时期内受到其他促销方式的冲击。

广告的基本功能是传递信息，它既可以用来树立企业和产品形象，又可用来刺激销售。广告可用较低的成本将信息有效地传递给地理上较分散的受众，是一种被广泛运用的促销方式。企业应根据其特点扬长避短，灵活运用。

❧ 利用影星促销 ❧

日本东洋公司为库存过多而深感困扰，于是决定以一种特别方式来推销。刚好有消息说美国影星泰勒将赴日，东洋公司立即抓住此等良机。他们了解列，泰勒曾主演过"黑色闪电"影片，所以观众对他的印象判断为黑色。公司便决定制作适合他的雪衣，准备在泰勒赴日时送给他穿。

泰勒到日本时，东洋公司以"泰勒未了"、"泰勒穿的雪衣"为标题刊登报纸广告。

这样，头一年，东洋公司卖出七八十件雪衣，第二年竟卖出4万多件、雪裤也卖出超过1万条。

在第二年的夏天，东洋再推出泳装营销计划，以当时流行的颜色——绿、蓝、红、褐、淡紫5种颜色凑在一起、做成一套名为"仕立凝视"的泳装，结果此泳装市场魅力大振，获得比头一年多50％以上的销售额。

借名人之力推动市场的关键，是要设法让名人的气质与公司的产品相吻合。这是国外名牌选择产品代言人的一条基本原则。

二、广告策划的程序

企业的广告决策，一般包括以下几个步骤：广告目标，制定广告预算，设计广告信息，选择广告媒体，评估广告效果。

（一）确定广告目标

制定广告方案的第一步是确定广告目标。这些目标必须依据以前所做出的有关目标市场、市场定位以及市场营销组合的决策而定。

广告目标是指在特定时间内，对特定的目标顾客所要完成的沟通任务和销售目标。根据企业的营销策略和目标顾客情况的不同，广告目标可分为提供信息、说服购买和提醒使用三种。见表8-2。

表8-2 广告目标分解

广告目标	该广告目标可产生的作用
1. 提供信息	描述可提供的服务
1.1 向市场告知新产品信息	纠正错误的印象
1.2 建议产品的新用途	减少消费者的担心
1.3 将价格的变化通告市场	树立公司形象
1.4 解释产品的工作原理	
2. 说服购买	说服顾客即购买
2.1 培养品牌偏好	说服顾客接受销售访问
2.2 鼓励消费老转向自己的品牌	
2.3 改变消费者对产品特性的认识	
3. 提醒使用	使消费者在淡季也能记住产品
3.1 提醒消费者不久就会需要此产品	维持尽可能高的知名度
3.2 提醒消费者购买的地点	

（二）制定广告预算

广告目标确定后，企业即可根据广告目标制定预算，确定在广告活动上应花费的资金。广告预算是促销预算的一部分，必须根据不同市场、产品、媒体等进行分配。一般由两部分组成：一部分是确定预算的绝对数；另一部分是确定预算的分配，即在不同市场、产品和媒体之间的合理分配。企业确定广告预算绝对数的方法主要有以下四种。

1. 量力支出法

企业确定广告预算的依据是企业所能拿得出的资金数额，量力而行，不用过多的增加企业财务负担。但这种方法忽视了广告费用与销售额之间的因果关系。广告费用随企业经营状况的好坏时多时少，不利于企业长期的营销规划工作。

2. 销售比例法

企业根据销售额的一定比例来确定广告费用预算。这种方法简单易行，应用广泛。但这种方法颠倒了广告费用与销售收入的因果关系，忽视了广告对销售的促进作用，而且在实践操作中也难以确定合理的比例。

3. 竞争对等法

企业以竞争者的广告开支或行业的平均广告费用为标准来确定广告预算。在市场营销实践中，不少企业都喜欢根据竞争者的广告预算来确定自己的广告预算，造成与竞争者势均力敌的对等局势。采用这种方法的理由，一是由于竞争者或行业的费用支出一定有其道理，是企业或行业的经验与智慧所在；二是与对手保持同样的广告费用可以防止企业间的广告战。但是竞争企业都有其不同的背景，广告目标、广告资源、企业声誉等都不同，很难说竞争对手的预算能适合本企业，也难确定对手的预算就一定合理。

4. 目标任务法

根据企业的广告目标来确定广告费用预算。企业首先确定具体的广告目标，然后列出达到这一目标必须完成的任务，在此基础上，估算完成这些任务所需要的费用，费用的总和就构成了广告预算。这种方法根据实际的目标及工作来制订预算，把费用与工作紧密联系在一起，相对切实可行。但企业必须明确广告费用与实际效果的关系，同时要有一定的经济实力支撑。

知识链接

一代"标王"的悲剧

1994年，出任中央电视台广告部负责人的是一位叫谭希松的女强人。谭女士使出的绝招便是，把中央电视台的黄金段位拿出未，进行全国招标，她还给投标金额最高的企业准备了一顶金光四射的桂冠："标王"。

11月8日，山东秦池酒厂厂长姬长孔第一次出现在中央电视台梅地亚中心。他的皮包里带了3000万元。这几乎是上一年秦池酒厂的所有利税之和，意味着3万吨的白酒。但要想竞标成功似手还远远不够，后来姬长孔得到了当地政府的大力支持，一个新的标王终于浮出水面。

唱标结束，山东秦池酒厂以6666万元取得"标王"。高出第二位将近300万元！一夜之间，秦池成为世人关注的焦点，名扬天下。1996年，根据秦池对外通报的数据，当年度企业实现销售收入9.846亿元，利税2.2亿元，增长5～6倍。

1996年11月8日，早已名满天下的姬长孔再次来到梅地亚中心，并以投标金额为3.212118亿元，再次当选"标王"。

有记者问，"秦池的这个数字是怎么计算出来的？"姬长孔回答："这是我的手机号码。"以3.2亿元人民币的代价让一个外国记者记住一个人的电话号码。这样的回答，仿佛是一个让人哑然的黑色幽默。其实，像姬长孔这样精明的人不可能不明白，摆在他面前的事实是：秦池太需要这个"标王"了。或者说，他已经无路可走了。

如果秦池不第二次中标，那么其销售量肯定会下降。前任"标王"孔府宴酒便是前车之鉴。对于一个富有挑战精神的企业家来说，这不仅意味着企业的死亡，实际上也意味着企业家生命的终结，这是绝对不能接受的。

然而，1997年年初的一则关于"秦池白酒是用川酒勾兑"的系列新闻报道，把秦池推进了无法自辩的大泥潭。当年，秦池完成的销售额不是预期的15亿元，而是6.5亿元；再一年，更下滑到3亿元。从此一蹶不振，最终从传媒的视野中消失了。

近年来，中央电视台黄金时段广告招标每年如期举行，厂家及广告媒介公司趋之若鹜，斥资天文巨额争当标王、以期带动产品畅销。但事实证明，巨额广告投入并没有给企业带来想象中回报，刚好相反，一些标王企业因承受不了巨额广告费用而陷入困境。这就给我们提出了一个如何合理确定广告预算的问题。广告预算不能以中标为目的，只能根据企业本身状况和产品市场情况而定。盲目争当标王，只会得不偿失。在当今经济全球化过程中，唯有放弃浮躁，不图虚名，脚踏实地认真做事，才能在市场竞争中站稳脚跟，稳操胜券。

（三）设计广告信息

企业在确定了广告目标和预算之后，接下来就是设计广告内容。不同的广告信息引起目标接受者不同的反应，因而会产生不同的广告效果。广告信息的产生必须通过大量的市场调查研究，了解目标顾客对产品所追求的利益和通过什么方式才能更好地唤起顾客对产品的强烈欲望。

因此，可以通过征询中间商和有关专家的意见，让他们对广告应向顾客传递的信息提出看法或建议。另一方面，也可以对顾客的消费心理进行分析，了解顾客使用产品时期望得到的利益和在不同使用阶段对可能得到利益的体验，然后根据这两方面信息最终决定向顾客提供什么信息。信息的产生及创意通常不止一个，也并非每一个皆可用，必须经过筛选评估。实践中往往从满意度、独特性和可行性三个方面进行广告信息的评价。

广告作为一种促销方式，核心问题是要解决"向谁说"、"说什么"和"如何说"。"向谁说"即是确定广告的诉求对象；"说什么"即是广告要表达什么样的主题思想和宣传概念；"如何说"即是用什么样的方式和什么样的手段来表达。广告信息内容，需要将既定的广告主题，用感情化、个性化、合乎逻辑的表达方式表现出来，是一门不易掌握的、高度灵活的艺术。广告信息的表达方式主要有以下几种：

（1）生活片断　表现一人或一些人在日常生产生活中正在使用某产品。

（2）生活方式　强调本产品如何适应于人们的某种生活方式。

（3）音乐　一个人或多人唱着关于本产品的广告歌曲，歌词中反复强调产品。

（4）幻想　针对本产品或其用途，设计出一种幻想境界。

（5）气氛或形象　为产品制造可引起某种联想的气氛或形象，给人以暗示，但不能对产品性能做出任何直接的宣传。

（6）人格化　由个性鲜明的人物来代表或象征某产品。如使用卡通形象或将产品人格化，用形象化手法树立产品个性。

（7）专业技术　表现企业所拥有的生产有关产品的专业技术和丰富经验。

（8）科学证明　显示调查证明或科学试验，表明产品完全符合科学要求或某种标准。

在表达广告信息时，应注意用适当的文字、语言和声调，广告标题尤其要醒目易记，引人入胜，以尽量少的语言表达尽量多的信息。此外，还应注意版面画面的大小和色彩、插图的运用，并将效果和成本加权衡，然后做出正确的选择。

知识链接

孔府家酒，叫人想家

孔府家酒有个15秒钟广告："荣获布鲁塞尔金奖，出口量全国第一。"1994年春节，孔府家酒推出了"回家篇"，这个广告的突出点是几个"一"：

第一，抓住了一个观念——家庭观念。家庭，这是人类特别是中国人的传统观念。我们中国人把家看做是自己感情的归宿、成长的摇篮、事业的支柱、灵魂之乡，是中国文化象征之一的孔圣人的家乡酒，与传统文化、家庭、家人、亲情等是相吻合的。

第二，瞄准了一个时间——"新春探家"时。"回家篇"选定在1994年元旦到春节的档期首播。这是中国人回家团聚，尽享天伦之乐的年关时节，广告的煽情性与观众的接受气氛特别相融。

第三，捕捉了一个机会——电视剧《北京人在纽约》播出红火时。这个电视剧题材新颖，整部剧作对以往的"出国热"作了一番理性的反思，从而唤起了一种本土文化的回归意识，其巨大的社会影响烘托了"回家篇"，起到了一种推波助澜的作用。

第四，起用了一个恰到好处的形象人——王姬。王姬的身份很特殊，她既是一个海外归来的游子，又是《北京人在纽约》的女主角。以一个特写镜头面向观众，说出了："孔府家酒，叫人想家"，其诱惑力、散发的文化魅力是有足够力度的，令人难以忘怀。

第五，很有心计地选用了广告音乐——刘欢作曲的主题曲，音乐主旋律十分接近《北京人在纽约》的主题歌，让观众既有熟悉感又有新鲜感，在似与不似之间，使观众欲罢不能地有兴趣地一次又一次地把广告看完。

第六，构思了一条"绝"了的文案——"回家篇"，使广告推销的产品与品牌不差一字，尽得风流："千万里，千万里，我一定要回到我的家。我的家啊！永世永世不能忘，孔府家酒，叫人想家！"

广告的设计体现了民族文化特征，在广告中融进了本民族文化特定的价值观念和行为模式，这些价值和行为模式的诉求表现出同一文化的亲和力，极易唤起消费者的文化认同，从而导致其购买行为。

（四）选择广告媒体

决定了广告信息后，就要考虑选择适当的广告媒体。广告媒体是指能够用来传播广告信息的工具。不同媒体对同一信息所起的作用各不相同，因此，必须在充分考虑不同媒体功能的基础上，选择合适的媒体。根据人们对广告的感知方式，广告媒体可以分为三类，即视觉媒体、听觉媒体、视听媒体。从企业在媒体的广告投入和使用数量看，使用较多的是报纸、杂志、广播、电视、互联网。这五类媒体有不同的特点见表8-3。

表8-3　五类主要媒体的特点

媒体类别	媒体	优　点	缺　点
视觉媒体	媒体	灵活、及时、广泛、可信	不易保持、表现力不强
	杂志	针对性强、保存期长	传播有限、不及时
听觉媒体	广播	速度快、传播广、成本低	只有声音、不易保存
视听媒体	电视	感染力强、触及面广	针对性不足、成本较高
	互联网	信息量大、交互沟通、成本较低	用户尚待发展

广告媒体选择的基本原则是以最低的费用达到企业的广告目标。因此，企业媒体计划员在选择媒体种类时，必须综合考虑如下因素：

（1）目标受众的媒体习惯　不同的人由于职业、文化程度、习惯的不同，对不同媒体的接触习惯也不同。如儿童用品绝大部分受电视广告的影响而购买，生产企业在把学龄前儿童作为目标受众的情况下，一般不会在杂志上做广告。

（2）产品特性　不同的媒体在展示、解释、可信度等方面有不同的说服能力。如服装通过杂志媒体，利用彩色画面可以增加其美感和吸引力。

（3）媒体特性　不同的媒体在传播范围、表现手法、目标接受者、影响力等方面都有很大的差异，对广告效果影响很大。

（4）媒体费用　不同媒体所需成本也是一个重要的决策因素。各广告媒体的收费标准不同，即便同一种媒体也因传播范围和影响力的不同而有差异。考虑媒体费用需注意相对费用，即考虑广告的促销效果。要根据广告目标的要求，结合各广告媒体优点、缺点。综合考虑上述各影响因素，尽可能地选择使用效果好、费用低的广告媒体。

（五）评估广告效果

广告效果是指广告接受者的反应情况。由于广告接受者的反应是多方面的，于是就形成了不同类型的广告效果。测定广告是否达到预期目的，首先，需要测定广告行为对大众直接产生的效果，即广告的沟通效果。其次，需要测定广告行为对企业促销所带来的效果，即广告的促销效果。最后，还要测定广告的销售效果。

1. 广告沟通效果

广告沟通效果的测评，主要是判断广告活动是否有效传播了广告信息，实现了有效沟通。其评价指标包括注意度、记忆度、理解度、行为度等。测定的方法主要有两种。一种是直接评分法，即邀请目标消费者或广告专家来评价各个广告，并填写评分问卷。直接评分法不一定能完全反映广告对目标消费者的影响，但它可以帮助淘汰或剔除那些质量差的广告。二是测试法，即邀请若干广告收看者或收听者询问其对广告的记忆程度差印象和感情等。评价结果可用来判断广告引人注意和令人记忆的力量。

2. 广告促销效果

在市场营销实践中，一个促销效果好的广告，必然是一个沟通效果好的广告；但是，沟通效果好的广告，却不一定是促销效果好的广告，因为影响促销效果的因素很多，可能源于广告，也可能源于产品品质、价格乃至分销渠道。因此，很难准确衡量广告促销的效果。目前，人们普遍采用历史分析和实验分析两种方法来测量广告的促销效果。

（1）历史分析法　运用回归分析的方法，将历史小企业的销售与广告支出联系起来，进行相关分析，借以测量广告支出对产品销售的影响。

（2）实验分析法　在不同的地区投放不同支出水平的广告，观察不同广告支出对促进产品销售的影响。

3. 广告销售效果

广告促进销售的直接效果，主要反映在广告费用与产品销售量（额）之间的比例关系。因此，广告销售效果的测定，以产品销售量（额）增减幅度作为衡量标准。

知识链接

太阳神集团广告

广告主：大阳神集团

广告标题：孩子，妈妈能给你的真的不多……

广告正文：12岁，我就离家读寄读中学了。那时正是春荒季节。每次返校前，妈妈总能变戏法似的弄出一小袋米来，再让我捎上一罐咸菜，这便是那时山里孩子一星期最奢侈的伙食了。送我上路时，妈妈那爱怜的眼神里总是盛满了愧疚与无奈。今天我才读懂了妈妈的眼神，她仿佛喃喃地对我说："孩子，妈妈能给你的真的不多，但那可是我能给予的全部啊。"火柴很小，散发的光亮也很微弱。但它真的是在竭尽所能燃烧着，就像妈妈。

（背景画面：全黑底包围中.一根火架头在黑暗中燃烧着，散发出很弱但绚丽无比的光焰。）

太阳神通过一个动人故事的叙述，赋予企业的精神理念在其中，火柴头、妈妈的形象象征着太阳神集团，虽然散发的光亮也很微弱、但它真的是在竭尽所能燃烧着。这样的形象在平凡中闪耀着伟大的光辉，更贴近普通人的心，让人信服，极具说服力。

【任务实施】

1. 实训项目

学生自行组建团队，各团队任选所在地的某一企业，利用课余时间进行实地调查该企业选择了哪些广告媒体为企业的产品做广告宣传，并分析说明选择这些媒体的原因，以及为该企业能提出哪些改进性意见。

组长：_____，分工：_____

组员：_____，分工：_____

_____，分工：_____

_____，分工：_____

_____，分工：_____

2. 实训目标

（1）能够区分不同媒体在广告传播上的区别以及优劣势：

_____

_____

（2）能够为现实企业的销售目标选择合适的广告媒体：

_____

3. 项目实施过程

（1）要求学生自行组建团队，选择本区域内熟悉的企业：

_____

（2）要求学生利用课余时间对该企业迟行实地调查其选择的广告媒体.选择该媒体的原因及效果；

_____

（3）组织引导学生团队讨论，分析该企业采用这种媒体的优劣势，作可行性建议，并形成分析报告。

_____

_____

4. 实训考核

（1）实地调研、搜集信息的能力（30%）；

（2）项目工作完成的合理性、逻辑性、可行性（50%）；

（3）团队成员的协作件（20%）。

任务四 药品人员推销

一、人员推销及特点

人员推销是指医药企业通过推销人员深入中间商或消费者进行直接的宣传介绍活动的方式，促进其采取购买行为的一种促销手段。

人员推销的核心是说服顾客接受其推销品，即把推销品由医药企业转移到推销对象的过程。人员推销有3个要素：推销人员、推销对象、推销品。推销人员是决定推销是否成功的关键因素。推销对象是消费者或中间商，而推销品则包括有形的产品和无形的服务和观念。

作为一种促销方式，人员推销与其他促销方式相比，最根本的特点是推销员的工作是促进销售的主要原因。因此，也称为人员促销。具体而言，它主要有以下几个特点。

（一）直接洽谈、针对性强

在推销活动开始之前，推销员应该选择具有较大购买可能的顾客进行推销，避免盲目、泛泛地进行推销；还应该事先对未来顾客做深入研究，拟定具体的推销方法、推销策略等，以提高推销的成功率。推销人员可以和顾客直接接触、当面洽谈，根据不同潜在顾客或用户的需求和购买心理，有针对性地进行推销。

（二）方式灵活、成交迅速

推销人员在与推销对象的人际接触中，根据可能发生的各种不同情况，随机应变，灵活地调整推销内容和推销策略，解答顾客质疑，消除顾客疑虑，及时达成交易，速见成效。通过推销员良好的推销工作，可以及时、有效地激发顾客的购买兴趣，并促使其立即采取购买行为，从而缩短消费者从了解信息到实施购买行为之间的时间，并可立刻获知顾客的反应，据此及时调整自己的推销策略和方法，解答顾客的疑问，使顾客产生信任感。

（三）建立关系、反馈及时

人员推销具有一定的公共关系的作用，一个优秀的推销员为了达到促销的目的，可以使单纯的买卖关系发展为互相信任、长期合作的伙伴关系或建立起深厚友谊的朋友关系。伙伴和朋友关系的建立，更有助于推销工作的开展。同时，推销人员在推销活动中，可以将目标客户的反应、态度等信息及时反馈给企业，使企业生产和营销更适合消费者需要的产品和服务。

（四）接触面窄、费用较高

人员推销的明显缺陷在于，每一个推销人员的活动范围是有限的，与顾客的接触面较窄，在企业目标市场广阔分散的情况下，难以大范围采用人员推销的方式。同时，由于推销人员的开支大，人员推销的费用高，所以，实施人员推销的成本比其他促销方式的成本高。有的时候采用人员推销的成本是可能达到产品广告费用的1～3

倍，这也是这种促销方式的局限性。

二、推销人员的基本素质

激烈的市场竞争要求推销人员具有相当高的素质，这是做好推销工作的基础条件。

（一）思想素质

优秀的推销员要树立顾客至上的观念，全心全意为顾客服务。要有强烈的事业心和高度的社会责任感，要有良好的职业道德和高尚的敬业精神，要有吃苦耐劳的工作作风和百折不挠的开拓精神。要廉洁奉公、不谋私利，正确处理国家、企业、个人和顾客之间的利益关系。

（二）业务知识

推销人员必须精通业务，熟练掌握相关的专业技术知识，主要包括以下内容：

（1）产品知识　熟知企业产品的品牌、规格、型号、性能、用途、质量、价格、工艺及产品的流向、销售环节和费用，还要掌握同行竞争对手产品的优劣情况。

（2）企业知识　熟悉本企业的历史和现状，包括经营规模、管理方式、生产能力、技术装备、产品构成、营销战略和发展前景。

（3）专业知识　熟练掌握与推销活动有关的专业理论知识，如市场营销学、企业管理学、消费心理学、社会学、经济法、商务谈判等方面的知识。

（4）工作能力　推销人员必须具有较强的业务工作能力。这些能力主要包括：敏锐的观察能力、敏捷的思维能力、综合的判断能力、灵活的应变能力、大胆的创新能力、广泛的交际能力、果断的决策能力、高超的说服能力、协调的组织能力、良好的语言表达能力等。

（5）身体素质　推销工作艰辛困苦，客户上班前、推销员开始上班；客户下班后，推销员可能还在工作；客户中午休息时，推销员依然在准备着工作中的各种材料。因此，高强度的工作需要一副健康的体魄作为强而有力的支撑。因此，加强身体素质是推销人员首要的健康需求。

三、推销人员的培训

培训计划是将应聘者培养成为高效销售代表的重要环节。成功的销售培训计划由4个阶段组成：培训测算、方案设计、培训强化和培训评估。

（一）培训测算

在这一阶段，销售经理必须决定：培训计划的目标是什么？培训对象是什么？销售代表个人的培训需求是什么？需要的培训量为多少？

1. 培训计划的目标

很多公司希望通过设计和实施培训计划来提高销售组织的效率，同时实现其他目标，包括较低的离职率、高昂的士气、有效的沟通，以及改善顾客关系和自我管理。

2. 培训对象

对于新聘销售代表需要加强培训。为了更好应对市场经济顾客需求、企业不断推出销售目标、新产品等各种变化，企业需要加强对新老推销员的培训工作。一般来说，公司优先培训60%绩效中等的销售人员会获得最好的投资收益。绩效最好的20%通常不会在现有水平上显著提高。而长期处于最低水平的20%也许不适合这个工作，培训并不能解决问题。有时，培训分销商、用户等非公司人员也很重要。

3. 识别培训需求和确定特定目标

识别和确定培训需求是确定培训目标和制定培训计划的起点，是设计销售培训计划最重要的一步。提高销售效率作为培训计划的目标过于笼统，销售经理必须将培训目标具体化，如具体的改进产品知识、寻找潜在客户的方法、探察和建立关系、销售技巧训练等个性化目标。

4. 需要的培训量

培训量取决于培训目标，如向销售代表介绍新的促销计划只需半天时间，了解新产品或服务的特性或利益可能需要两三天，而新雇员基本销售技能的培训计划则需要3个月或半年。一般来说，没经验的新雇员不仅要了解公司及所销售的产品，还要学习基本的销售技巧，而一些有销售经验的新雇员只需少量的培训，大多数新雇员的培训计划需要3~6个月。对于在职培训，必须考虑培训收益与销售代表离岗例损失之间的平衡。调查表明，一个有经验的销售代表每年的在职培训也应有100小时左右。

（二）方案设计

这一阶段主要是设计培训方案。其主要内容包括：培训者、培训时间、培训地点、培训内容、培训强化和培训评估六个方面。

1. 培训者

培训者主要有3个来源：常规直线经理、人事职员、外部专家。直线制人员又包括公司的高级销售代表、销售督导、地区经理或直接管理销售队伍的销售经理等。一些公司还有效地利用同事进行培训。还有一种方式则是将培训事务交给外部的专业培训公司完成。外聘培训成功的关键是选择合适的培训公司和合适的培训专家及良好的沟通。

2. 培训时间

培训时间包括何时培训和培训多长时间两方面内容。对于新雇员，绝大多数企业会选择在其正式上岗工作之前，培训时间从几周到几个月不等；而对于在职销售人员则需要根据实际工作情况轮流进行培训，一般以不影响现有销售工作进度为宜。

3. 培训地点

培训地点选择的主要难题在于确定集中程度。除非有理由集体在一个地方培训，一般应分散进行。集中培训通常比分散培训费用更高，组织工作更复杂。

分散培训有几种形式：①实地销售办公室指导；②高级销售人员培训；③在职培训；④销售研讨会；⑤自我指导。分散培训最主要的优点是可以节省培训费用且教学效果相对较好。但一些需要复杂或昂贵设备的培训就不适合在分散中进行。

集中培训可以在正规的学校或公司总部定期的销售会议上进行。一些每年雇用大量销售人员的大公司都有永久性集中销售学校或培训中心，而小公司通常每年在总部举办一两次特定目的的销售培训，每次培训持续3~4周。

4. 培训内容

大多数销售培训项目的主要目的是教会受训者如何销售或提高他们的销售技巧。因此，多数培训计划的主要内容是产品知识和说服、沟通技巧。另外，对销售人员进行销售态度、对公司和竞争产品的了解、商业知识、关系构建的技巧、团队销售技巧、计算机辅助销售能力、时间管理技巧以及对销售的法律约束等方面知识的培训也非常重要。

（1）工作态度 为使培训取得最优效果，首先受训者应全面了解销售的性质、重要性和销售培训的重要性，明确他们对公司整体目标实现的重要作用。销售人员是公司与客户信息沟通的主要纽带，也是唯一直接为公司创收的员工。

（2）公司及产品知识与应用 培训的大部分内容是学习公司知识、即将销售的产品及其应用的有关知识。受训者必须了解他们所销售的产品并掌握产品的不同使用方法，并能在实践中运用这些信息解决顾客的实际问题。

（3）竞争产品的知识 销售人员应该像了解自己的产品一样了解竞争对手的产品。对竞争对手产品的细致了解可以使销售代表设计突出自己产品优于对手的销售演示。

（4）客户知识 在竞争激烈的市场中，销售人员必须坚持以客户需求为导向。受训者必须熟悉客户的业务。针对不同的客户，销售人员必须能够做到判断和识别，并做出相应的反应。同时，销售人员还要重点把握最后购买决策者的偏好。

（5）业务原则知识 实践中，销售人员经常充当客户的产品知识顾问。因此，了解本公司和客户公司经营背后的基本业务实践非常重要。

（6）销售的法律约束 通过学习销售方面的有关法律知识可以降低公司的产品责任事故和虚假促销诉讼，降低因价格歧视或不正当的竞争而被诉的可能性。例如，公司通常指导销售人员对产品禁忌、特性和使用方法做准确且通俗易懂的介绍：避免言过其实；审查销售材料、产品禁忌和标签，确保准确无误等。

（7）销售技巧培训 最后，销售人员必须学习的是销售技巧与手段，有效交流并说服客户。

5. 培训强化

为了加强培训效果，培训强化就显得尤为重要。调查发现销售人员在培训30天后大部分只能记起15%的培训信息。所以要保证培训效果，就必须进行强化工作。培训强化的方式很多，包括前面讨论的各种方法，最常用的是用销售经理当教练，在实际拜访中，强化销售员的培训成果。

6. 培训评估

最后，销售经理必须评估培训计划的效果。培训者可以通过考察受训者的反应能力、学习效果即接受了多少信息、受训者的行为是否有实质性的变化、培训是否转变为业绩改善的结果等方面来评价培训的效果。通常可以采用考试的方法进行评价，同时，公司应设计一个有效的综合评估系统确保培训目标的实现。

四、推销人员的考核

销售绩效评估即推销人员的考核与评价是销售队伍管理的一个重要方面。公司通过培训、激励、监督来提高销售人员的绩效，销售经理还要通过绩效评估来准确评价销售人员，以便采取纠错行动或奖励，以此改进将来的绩效。总之，绩效评估变得越来越重要，良好的绩效评估是销售队伍管理的一个有效工具。销售人员的升职和提薪都能以客观的绩效数据作为评价基础，而不是基于主观观察或意见。绩效分析对销售监督尤为有用。绩效评估有助于发现销售管理中存在的各种问题和原因。有效的个人绩效评估也能提高士气，任何人如果知道自己的任务有一定的衡量标准，就会感到更有保障。绩效评估通常会从分类账费用、活动费用和细分市场成本三个方面进行分析和评价：

（一）分类账费用分析

分类账费用分析是通过将公司会计分类账中记录的各个成本项目（销售人员薪金、分支办公室租金、办公用品）进行汇总和细分，通过比较当期总数与过去同期的相应数字，以发现公司成本的变动趋势。这种分析法既可以比较实际费用与预算费用目标之间的差距，还可以与行业平均水平进行对比，进而分析出是否偏离行业水平及偏离原因。

（二）活动费用分析

为更有效地分析营销成本，销售主管通常会根据不同的活动种类对这些分类费用账户按某一特定营销职能重新分类。相关活动费用分析包括两步。第一步，选择恰当的活动分类，如通常可将活动费用分成以下几个成本类别：①人员推销费用；②广告和促销费用；③仓储及货运费用；④订单处理费用；⑤行政费用等。第二步，将每个分类账户费用分配到相应的活动项目中，直接费用直接记入某一分类成本中，几项活动共同发生的间接费用分别记入某分类成本中。通过对各项活动费用进行分析，以便了解各类活动费用的构成比例及变动趋势，以便进一步采取费用控制措施。

（三）细分市场成本分析

第三种也是最佳的营销成本分析法，是通过分析每个细分市场的成本和营利性，考虑其营销计划的有效性。这一方法通常是将市场按地区、产品、顾客群或订单规模进行划分，然后将销量分析与营销成本分析结合起来，为每种产品或细分市场制作损益表，从而分析出各个细分市场营销计划的有效性。

五、人员推销的技巧

（一）寻找顾客的技巧

1. 寻找顾客的途径

可通过下列途径寻找顾客：

（1）利用社会信息寻找新顾客；

（2）利用流通渠道寻找老顾客；

（3）利用社会关系寻找新顾客；

（4）运用公共关系活动寻找新顾客；

（5）主动游说寻找新顾客；

（6）推销相关产品寻找新顾客；

（7）利用老顾客寻找新顾客；

（8）利用中介机构寻找新顾客；

（9）挖掘老顾客的新需求。

2. 筛选顾客

所谓筛选顾客，就是运用一定的方法甄别真正购买商品的顾客的过程。为此，首先应确定筛选标准，主要从应具备的购买欲望、购买决策权以及购买能力3个要素进行分析；其次，根据标准运用恰当的方法进行筛选；最后，检查筛选是否准确，并为筛选后的顾客建立顾客档案。

（二）接近顾客的技巧

1. 约见顾客

首先，要做好约见前的准备，包括心理、语言、资料、实物等方面的准备；其次，精心选择约见的时间、地点、场所和环境，并选择以下约见的方式：信函、委托、直接约见；最后，通过约见，为正式洽谈打下基础。

2. 接触顾客

指推销人员与顾客正式就商品交品接触见面的过程，需注意以下几点。首先，应尽可能了解顾客的心理特征。常见的个性心理特征有：外露型、随和型、保守型、暴躁型等。其次，注意接近顾客的方法。通常的方法有：自我介绍接近法、聊天式接近法、建议赞美接近法、广告赠物法、表演接近法、关系交际接近法、印象先导接近法。最后，运用各种接近方法时，要注意观察对方的情绪，根据对方情绪的变化，调整接近的方法。

3. 推销洽谈技巧

（1）优势条件下的洽谈技巧：

不开先例技巧——采取不开先例的方式来约束对方，迫使其接受交易条件的洽谈技巧。

价格吸引技巧——即利用价格变化信息吸引对方集中注意价格条件，而忽视其他条件的洽谈技巧。

先苦后甜技巧——用较苛刻的基本条件，降低对方期望值，然后逐步让步，从而让对方感到满意的洽谈技巧。

规定时限技巧——限定交易时限，否则终止洽谈，给对方施加压力的洽谈技巧。

最后通牒技巧——当洽谈双方陷入互相对峙状态时，有利一方提出最后交易筹码，迫使对方接受交易条件的洽谈技巧。

（2）劣势条件下的洽谈技巧：

职权受限技巧——当对方提出对己方不利的条件时，迫使对方放弃所提条件的洽谈技巧。

吹毛求疵技巧——采取避实就虚、挑三拣四、寻找机会挑剔对方产品缺点，挫其锐气的洽谈技巧。

疲劳拖延技巧——指通过"软缠硬磨"来干扰对方注意力、消磨精力、瓦解意志、寻找漏洞、抓住有利时机达成交易的洽谈技巧。

晓以利害技巧——指处于洽谈弱势的一方向对方提出与交易有密切联系的其他交易条件，满足对方在交易中的其他利益，以换取对方在交易条件上让步的洽谈技巧。

先斩后奏技巧——造成难以更改的既成事实，迫使对方不得不接受，并以此改变双方地位，扭转于己方不利的局面的洽谈技巧。

（3）均势条件下的洽谈技巧：

关系接触技巧——通过一定的社会关系，以叙谈友情、拜访等方式联络感情，建立友谊，促成交易的洽谈技巧。

润滑惠利技巧——推销人员为加深感情、以叙谈友情、密切关系而馈赠礼物，以达到顺利交易目的。

投石问路技巧——洽谈中一方提出某种假设条件，探询对方意图，获取有关信息，在洽谈中处于有利地位的技巧。

开门见山技巧——指谈判一方开诚布公，直抒己方意图，力图双方精诚合作，促成洽谈成功的技巧。

转移视线的技巧——指谈判双方洽谈遇到某种障碍陷入僵局时稍作休息，以期调整对策推动谈判顺利进行的技巧。

4. 沟通技巧

推销人员在洽谈中为沟通顾客，需通过双方面谈达成共识。为此，必须做到以下几点：

善听——讲究礼仪，学会善听、要用心听、耐心听、适时听、会心听，记住所听的要点并做好记录。

巧问——以启发式、暗示性、商量式、有选择性询问等，提问方式和内容要让对方乐于回答。

妙说——以幽默而巧妙的回答化解对方的提问，以灵活地选择恰当的方式委婉拒绝，用模糊不明确的语言应付对方发难提问，转移话题，以诚恳的解释和歉意来直抒己见。

5. 说服技巧

说服技巧即采取强有力或灵活多变的方法说服对方，主要包括自我评价法、事实说明法、以情感人法、以退为进法、共同语言法、逐步登门法、赞美奖誉法。

6. 排除障碍技巧

排除障碍技巧即对顾客设置的障碍可采取以下技巧化解：提供依据，转换话题：巧用提问，任其回答；先发制人，陈述事实；缓解纠缠：不动声色，妥协求全；赞赏附议，后做补充。

7. 促成交易的技巧

促成交易的技巧主要做到：密切注意成交信号，当机立断促成交易；灵活机动，促进交易；谨慎对待客户的否定回答；培养正确的成交态度，消除成交的心理障碍，利用最后的成交机会；若一次成交失败，注意留有一定的成交余地。

【任务实施】

1. 实训项目

要求学生自己联系企业或卖场,利用课余时间或寒暑假参与不少于两个星期的产品促销活动;或者以团队为单位自行选择一些适合自己销售的商品,利用课余时间在1～2个星期内完成推销任务,然后写出总结报告并附证明材料(推销产品的照片、企业出具的证明材料等)。

_____

_____

2. 实训目标

(1)能够比较熟练地利用人员推销的程序和方法技巧;

(2)能够针对某一特定消费群体完成某一特定产品的推销。

3. 项目实施过程

(1)要求学生以团队为单位,任选一种自己比较熟悉的、了解的推销商品,在各团队内再将同学分为两组,分别模拟扮演成企业的推销人员和产品的销售对象(顾客),在真实的生活情景下演示产品的推销过程:

_____

_____

(2)梳理产品推销过程中遇到的问题与障碍,通过团队讨论,拿出解决方案,然后提炼出针对某一特定产品需向顾客介绍的主要产品信息、企业信息和与客户进行接洽、沟通以及推销产品的适宜的方法技巧:

_____

_____

(3)以团队为单位自行选择一些适合自己销售的商品,利用课余时间在1～2个星期内完成推销任务,然后写出总结报告并附证明材料(推销产品的照片、企业出具的证明材料等)。总结应说明这次实际推销活动的体会、感受、遇到的困难、问题以及所采用的推销技巧与方法:

_____

_____

4. 实训考核

(1)了解、搜集信息的能力及自主学习能力(30%);

(2)项目工作完成的合理性、逻辑性、可行性(50%);

(3)团队成员的协作性(20%)。

参考文献

［1］金兴，乔忠，王能河.医疗器械营销实务.第1版.北京：人民卫生出版社，2011.

［2］董国俊.药品市场营销学.第1版.北京：人民卫生出版社，2009.

［3］菲利普·科特勒.科特勒市场营销教程.第6版.北京：华夏出版社，2009.

［4］侯永利，杨元娟.医药市场营销.第1版.北京：人民军医出版社，2012.

［5］沈志平.医药市场营销.第2版.北京：科学出版社，2010.

［6］钟明炼.药品市场营销学.第2版.北京：人民卫生出版社，2011.

［7］菲利普·科特勒.营销管理.第13版.北京：格致出版社，2009.

［8］彭石普，梁若冰.市场营销能力基础.第1版.北京：北京邮电大学出版社，2008.

［9］吴宪和，任毅沁.市场营销学.第1版.辽宁：东北财经大学出版社，2007.